Ullstein

Die Autorin

Doreen Virtue ist eine hellsichtig begabte Psychotherapeutin, die mit den Ebenen der Engel und der Feen arbeitet und andere Menschen lehrt, Engel und Feen zu erkennen, zu hören, zu sehen und zu fühlen. Sie ist in den USA u. a. durch viele Fernsehauftritte bekannt, und gibt regelmäßig Workshops, auch in Europa, in denen sie die von ihr entwickelte Engel-Theraphie unterrichtet. Ihre zahlreichen Lebenshilfe-Bücher sind bereits in 14 Spachen erschienen. Weitere Informationen über Seminare, Bücher und Kassetten finden Sie auf ihrer Website unter:

www.AngelTherapy.com oder
unter der Telefonnummer (866) 444–0451 (innerhalb der USA
ein gebührenfreier Anruf) oder
(949) 497–4147 (außerhalb der USA 001 vorwählen).

Von Doreen Virtue sind in unserem Hause erschienen

Das Heilgeheimnis der Engel
Engel-Gespräche
Die Heilkraft der Engel
Das Heilorakel der Engel (Karten-Set)
Die Heilkraft der Feen
Neue Engel-Gespräche
Engel der Erde
Dein Leben im Licht

Hinweis

Doreen Virtue

Neue Engelgespräche

*Aus dem Amerikanischen
von Karin Adrian*

Ullstein

Besuchen Sie uns im Internet:
www.ullstein-taschenbuch.de

Ullstein Esoterik
Herausgegeben von Michael Görden

Aus dem Amerikanischen von Karin Adrian
Titel der Originalausgabe
ANGEL VISIONS II
Erschienen bei Hay House, Inc. Carlsbad, CA

Umwelthinweis:
Dieses Buch wurde auf chlor- und
säurefreiem Papier gedruckt.

Ullstein ist ein Verlag der Ullstein Buchverlage GmbH.
Deutsche Erstausgabe
1. Auflage Dezember 2004

Umschlaggestaltung: FranklDesign, München
Titelabbildung: Charles Francois Sellier, Bridgeman Art Liberary
Gesetzt aus der Palatino bei LVD GmbH, Berlin
Druck und Bindearbeiten: Ebner & Spiegel, Ulm
Printed in Germany
ISBN 3-548-74145-2

Inhalt

Vorwort:
Über Engelvisionen 7

Teil I
Wahre Geschichten

1. *Kapitel:* Engelvisionen 15
2. *Kapitel:* Erscheinungen 32
3. *Kapitel:* Visionen bei Nahtoderfahrungen .. 37
4. *Kapitel:* Besuche von geliebten Verstorbenen im Traum 44
5. *Kapitel:* Geheimnisvolle Fremde............. 63
6. *Kapitel:* Engelzeichen, Lichter und Wolken .. 73
7. *Kapitel:* Visionen von Jesus 88
8. *Kapitel:* Erhörte Gebete 100
9. *Kapitel:* Hilfe von Engeln 114
10. *Kapitel:* Engelstimmen, die Leben retten 120
11. *Kapitel:* Engelstimmen bringen Trost und Hilfe 139
12. *Kapitel:* Stimmen geliebter Verstorbener 148
13. *Kapitel:* Der Klang der Engel 152
14. *Kapitel:* Engel oder einen geliebten Verstorbenen durch eine Berührung oder durch einen Geruch spüren.......... 157

Teil II

Wie Sie Ihre Engel und Ihre geliebten Verstorbenen sehen, hören und fühlen können

15. Kapitel: Sich dem Himmel öffnen 173

16. Kapitel: Sehen als Schlüssel zur Hellsichtigkeit 186

17. Kapitel: Hören als Schlüssel zur Hellhörigkeit 206

18. Kapitel: Fühlen als Schlüssel zur Hellfühligkeit 217

Nachwort 236

Vorwort:
Über Engelvisionen

»Warum haben heute so viele Menschen Begegnungen mit Engeln?«, fragte mich die Journalistin. Sie stellte eine Frage, die ich oft höre.

»Ich möchte nicht behaupten, alle Antworten zu kennen«, erwiderte ich. »Doch ich stelle eine Menge Fragen, und ich bin mit den Antworten, die ich aus meinen Meditationen, aus meinen Interviews mit Patienten und Workshopteilnehmern und aus meinen wissenschaftlichen Untersuchungen erhalte, sehr zufrieden.«

»Unsere Gebete und Bitten um Schutz und Hilfe sind von Gott erhört worden, indem er uns auch noch Engel an unsere Seite gab«, erklärte ich. »Engel sind immer um uns gewesen, doch jetzt sind mehr von ihnen unter uns aufgrund unserer Gebete.

»Die Jahrtausendwende hat viel damit zu tun gehabt. Viele Leute hatten Angst, als sich das Jahr 1999 seinem Ende zuneigte, und sie beteten inbrünstig um Schutz. Ihre Ängste vor der Y2K und einer Apokalypse führte zu einer spirituellen Neubesinnung.

»Die Engel werden nicht nur von unseren Gebeten angezogen; sie werden uns auch ganz bewusst in dieser Zeit des *großen spirituellen Erwachens* geschickt. Sie sind hier als unsere Lehrer. Sie helfen uns, die Göttliche Liebe in uns und in anderen wahrzunehmen.«

»Hat *jeder* Engel?«, fragte die Journalistin. Ihre Frage hörte sich so an, als ob einige Leute Schutzengel vielleicht nicht verdienen.

»O ja,« antwortete ich. »*Jeder* hat Engel. Nur hören einige Leute nicht auf ihre Engel. Aber die Engel sind immer da mit ihrer bedingungslosen Liebe für den Menschen, dem sie zur Seite gestellt sind, und warten darauf, dass dieser Mensch in seinem Gebet um Hilfe bittet.«

»Und kann jeder mit seinen Engeln sprechen?« Diese Frage kommt oft von Leuten, denen erzählt wurde, dass nur hochrangige Mitglieder religiöser Institutionen oder begnadete Hellseher mit dem Himmel sprechen können.

»Gott und unsere Engel sprechen ständig mit uns, und wir hören sie auch, selbst wenn wir ihre Botschaften unserer Intuition oder dem Zufall zuschreiben«, antwortete ich. »Die Wissenschaft hat gezeigt, dass jeder telepathische Fähigkeiten hat oder die Fähigkeit der geistigen Kommunikation bzw. der Gedankenübertragung. Es ist nicht schwieriger, durch unsere telepathischen Gedanken mit den Engeln zu sprechen, als durch Intuition herauszufinden, wer der Anrufer ist, wenn das Telefon klingelt.«

Die Fragen der Journalistin entsprechen den Fragen, die ich oft während meiner Workshops gestellt bekomme. Die Leute wollen etwas über die Natur des Himmels, das Leben nach dem Tod und das Reich der Engel wissen. Ich bin so froh über unsere gemeinsame Offenheit für die Spiritualität! Viele von uns antworten auf einen tief inneren Aufruf, den Engeln auf der irdischen Ebene zu helfen.

Die Geschichten, die Sie In *Neue Engel-Gespräche* lesen werden, bieten weitere Aufschlüsse über das Leben nach dem Tod und das Reich der Engel. Beispielsweise machen die Geschichten im 3. Kapitel »Visionen bei Nahtoderfahrungen« deutlich, dass wir erst sterben werden, wenn unsere Stunde gekommen ist. Die Schilderungen geliebter Verstorbener im 2., 4. und 12. Kapitel zeigen, dass die meisten Leute im Himmel glücklich sind, sich befreit von der Bürde ihres Körpers fühlen und unsterbliche Liebe für uns empfinden. Und das 1., 9. und 11. Kapitel enthüllen uns, dass über uns bis in alle Ewigkeit gewacht wird und wir beschützt werden.

Sie werden möglicherweise feststellen, dass es mehr Synchronizitäten in Ihrem Leben gibt, wenn Sie dieses Buch lesen. Wenn Sie sich konzentriert mit Engelerfahrungen beschäftigen, werden Ihnen im Allgemeinen noch mehr zuteil. Ich habe auf jeden Fall mehr Synchronizitäten in meinem Leben feststellen können, als ich die Geschichten in diesem Buch zusammenstellte. Zum Beispiel redigierte ich die Geschichte »Vor einem Tornado beschützt« für das 8. Kapitel während eines Fluges in Richtung Flughafen Minneapolis. Als ich Judy Mitchells Beschreibung des grünen Himmels las, der mit dem Tornado einherging, dachte ich, dass sie den Himmel bestimmt falsch beschrieben hat.

Dreißig Minuten später landeten wir auf dem Flughafen. Da fiel uns auf, dass sich viele Leute an den Fenstern drängten und angestrengt in den Himmel starrten. Obwohl es erst 16.30 Uhr war, war der Himmel ganz dunkel. Etwas stimmte nicht! Und dann passierte etwas Beeindruckendes: Der Himmel wurde erst schwarz und nahm dann die dunkelste, bedrohlichste Grünfärbung an, die ich je in meinem Leben gesehen hatte. Das erste Mal, dass ich etwas über einen grünen Himmel gehört hatte, war erst vor einer halben Stunde gewesen, und jetzt erlebte ich so etwas selbst! Der Flughafen stellte aufgrund eines Tornados in der näheren Gegend den gesamten Flugverkehr ein. Über unseren Flughafen fegten ein furchtbarer Sturm und heftige Hagelschauer, und es dauerte Stunden, bis wir weiter an unseren Zielort fliegen konnten.

Die zweite bemerkenswerte Synchronizität im Zusammenhang mit der Arbeit an diesem Buch passierte, als ich »Ein Anruf von meinem Engel« für das 6. Kapitel redigierte. Suzanne Goodnough schrieb, dass sie hörte, wie sich ihr Schutzengel als »Maurice« vorstellte. Suzanne war sich des Namens jedoch nicht sicher und bat um eine Bestätigung, die sie auf die humorvollste Weise erhielt (wie Sie in der Geschichte lesen werden). Ich befand mich in einem Zug, als ich die Geschichte redigierte. Dabei sah ich zweimal auf und schaute jedes Mal auf ein Gebäude mit einem großen Schild, auf dem »Maurice« stand.

Schwerpunkt meines ersten Buches *Engel-Gespräche* war, wie wir Engel *sehen* können. Ich stelle immer wieder fest, dass die meisten Leute, die an meinen Workshops teilnehmen, möchten, dass ich ihnen zeige, wie sie ihre hellsichtigen Fähigkeiten entwickeln können. Obwohl wir mit Engeln auch auf nonvisuelle Weise – zum Beispiel durch Stimmen, Gefühle und Gedanken – in Verbindung kommen *können*, wollen die meisten meiner Teilnehmer die Engel *sehen*. In dem Buch gab ich Schritt für Schritt Anweisungen, wie wir unsere Hellsichtigkeit für Engel öffnen können.

Viele Leute schrieben mir Briefe, in denen sie mir mitteilten, dass sie, indem sie den Anweisungen des Buches folgten, tatsächliche Engel-Gespräche und Begegnungen mit ihnen hatten. Einige ihrer Geschichten habe ich in dieses neue Buch aufgenommen. Sie werden erfahren, was der auslösende Faktor beiden Engelbegegnungen der Leute war, so dass Sie diese Methoden vielleicht selbst anwenden können.

In *Neue Engel-Gespräche* erfahren Sie auch, wie Begegnungen mit Engeln die beteiligten Menschen beeinflussen. Zum Beispiel werden Leute von ihrem Kummer geheilt, nachdem sie im Traum oder als Erscheinung Besuche von geliebten Verstorbenen erhielten. Alles andere als ein gruseliges Treffen mit einem Zombie, wie Hollywood gerne Tote zeichnet, sind diese Besuche liebevolle, bewegende Begegnungen. Der geliebte Verstorbene beruhigt den Lebenden, indem er zum Beispiel sagt: »Mir geht es gut. Mache dir keine Sorgen um mich. Bitte, lebe dein Leben weiter, freue dich und finde eine positive Einstellung zur Welt.«

Viele der Geschichten in diesem Buch handeln von lebensrettenden Begegnungen mit Engeln. Zum Beispiel hörte jemand in einer Gefahrensituation im letzten Moment eine Stimme, die ihn warnte. Andere Geschichten zeigen, wie Engel Leuten halfen, sich selbst mehr zu lieben und ein größeres Verständnis für andere zu haben. Wieder andere machen uns deutlich, welch großen Sinn für Humor Gott, die Engel und unsere geliebten Verstorbenen besitzen.

Sie werden sehen, wie der Himmel über uns wacht, uns vor Schaden beschützt, indem er uns Warnungen und Hilfe zukommen lässt. Im 5. Kapitel lesen Sie über Fremde, die aus dem Nichts erschienen, Trost oder Hilfe spendeten und dann ohne eine Spur zu hinterlassen wieder verschwanden. Das 10. Kapitel ist voll von spannenden Geschichten über geisterhafte Stimmen, die Leuten das Leben retteten. Da mein eigenes Leben einmal gerettet (und für immer verändert) wurde, als ich Stimmen während eines bewaffneten Autoüberfalls 1995 hörte, hat dieses Kapitel für mich eine besondere Bedeutung.

Im zweiten Teil lernen Sie etwas über die Methoden, die ich in meinen »Psychic-Development Workshops« (Workshops zur Entwicklung der Hellsichtigkeit) an die Hand gebe, um unsere natürlichen spirituellen Fähigkeiten zu wecken. Sie können ganz sicher sein, dass Sie auch in diesem Augenblick Engel und geistige Führer um sich haben, die bereits mit Ihnen in Kontakt sind. Die Anleitungen, die in diesem Buch gegeben werden, können Ihre Beziehung zum Himmel auf eine bewusstere Ebene bringen, so dass Ihnen bewusster ist, wer in der spirituellen Welt um Sie ist.

Die Macht Gottes und der Engel ist unbegrenzt. Wenn wir nur die Absicht haben, uns mit ihnen zu verbinden, machen sie schon die ganze Arbeit. Das allein zeigt, wie sehr sie uns lieben!

Danksagung

Mein Dank geht an all die lieben Menschen, die mir erlaubt haben, ihre Geschichten zu veröffentlichen, so dass wir alle davon etwas haben. Durch Ihre Bereitschaft, uns an Ihren Engelerfahrungen teilhaben zu lassen, werden wir bereichert. Vielen Dank! Engelssegen an Jill Kramer, Reid Tracy, Louise L. Hay, Ron Tillinghast, Corey Wolfe, Bronny Daniels und Jill Wellington Schaeff.

Teil I

Wahre Geschichten*

* Fußnote der Autorin: Einige Personen haben mich gebeten, nur ihren Vornamen oder die Anfangsbuchstaben ihrer Namen anzugeben.

1. KAPITEL

Engelvisionen

Besuch von Erzengel Gabriel

VON JESSICA DICKSON

Als ich etwa sieben Jahre alt war, wurde ich mit dem Gefühl wach, dass da jemand ist, und ich hörte eine Stimme, die sanft meinen Namen rief. Ich schaute mich um, aber ich konnte nichts sehen. Ich hörte wieder, wie mein Name gerufen wurde. Ich rieb meine Augen und strengte mich an, in der Dunkelheit etwas zu sehen. Ich schaute zur Tür hinaus in den Flur.

Meine Mutter ließ die Tür immer einen Spalt offen und das Licht für mich brennen. In dieser Nacht war das Licht anders. Es war so strahlend weiß, dass ich nicht direkt hineinsehen konnte. Während meine Augen immer noch umherwanderten, konnte ich langsam wunderschön Weiß und Gold und in einem sanfteren Weiß schimmernde Schatten unterscheiden.

Eine Form kristallisierte sich heraus, aber keine fest umrissene Form. Sie war unglaublich groß. Sie hatte Flügel, die so riesig waren, dass ich sie nicht vollständig sehen konnte. Ich weiß, dass sie bis weit über den Kopf der Gestalt und über die Zimmerdecke hinausreichten. Die Flügel waren wie lange, gefiederte Finger aus Licht, luftig und aus durchscheinendem sanften weißen Licht. Selbst in ruhender Position waren sie riesig und berührten fast den Boden. Sie waren nicht ganz zusammengelegt, sondern leicht fächerförmig ausgebreitet.

An den Füßen trug das Wesen die ungewöhnlichsten Sandalen, die ich je gesehen hatte. Sie waren wie dicke Holz- oder Lederstücke und mit Riemen festgebunden, die bis zu »seinen« Knöcheln gingen. Es war in ein fließendes, weißes Gewand gehüllt, das um die Taille herum von einer goldenen Kordel gehalten wurde. Über seinem Kopf schwebte ein Kranz aus strahlendem goldenen Licht, und wenn es seinen Kopf hinunterbeugte, verschwand er, und alles, was ich dann sehen konnte, war leuchtendes weißes Licht und ein goldener Glanz, der seinen Körper umgab. Es hatte langes, welliges goldenes Haar, das auf seinen breiten Schultern ruhte, und seine Augen waren durchdringend und eisblau. Es sagte, sein Name sei Gabriel.

Ich konnte nicht glauben, was ich sah. Ich schaute zur Seite und bekam furchtbare Angst. Ich versuchte, nach meiner Mutter zu rufen, aber meine Stimme versagte. Ich konnte nicht schreien. Ich schaute wieder in Richtung Schrank, in der Hoffnung, alles wäre nur meine Phantasie und das Licht spiele Tricks mit mir. Gabriel aber war nicht fortgegangen, und meine Angst steigerte sich um das Zehnfache. Er sagte zu mir: »Habe keine Angst.« Im selben Moment erfüllte mich Liebe und Wärme, und meine Angst ließ nach.

Ich hörte ihm zu, als er sprach. »Sprechen« ist vielleicht zu viel gesagt. Engel sprechen nicht wie du und ich. Sie kommunizieren über Gedanken und Gefühle, mit Liebe und Frieden, über ihren Scheitelpunkt zu unserem. Sie erfüllen uns mit solchem Frieden und mit solcher Liebe, dass wir von innen heraus von einer vollkommenen Wärme erfasst werden. Von ihnen geht eine strahlende Lichtaura in Weiß und Gold aus. Sie sind von einer solchen Helligkeit, dass sie leuchten. Die weiße Aura ist so intensiv, dass sie einen fast blendet. Engel vermitteln uns ein Gefühl großer Kraft und Macht, und gleichzeitig sind sie sanft und liebevoll weit über das hinaus, was wir hier erfahren können.

Es ist bedingungslose Liebe in Reinform – frei von jeder Kritik, unabhängig davon, wie unsere Verhältnisse und wie groß unsere Sünden sind. Gabriel kommunizierte weiter mit mir. Seine Gedanken wurden als einzelne Worte und intensive Gefühlsmomente in mein Gedächtnis eingebrannt. Gabriel hielt kurz inne und fragte, ob ich verstand oder ob ich akzeptierte. Ich erinnere mich, dass ich voller Ehrfurcht nickte und ein enormes Verantwortungsgefühl und Entschlossenheit spürte und spirituell bewusster wurde, als meine Erdenjahre dies je vermochten. Ich erinnerte mich nur an einige Einzelheiten aus unserer Unterhaltung.

Gabriel sagte mir, dass mein Leben hart sein würde, und ich meinen Glauben verlieren würde, aber Gott würde mich nie verlassen, und ich würde meinen Weg wieder zurückfinden. Die Engel vermittelten mir das Gefühl von Gottes unendlicher Liebe und Wohlwollen für mich und das Wissen, dass wir alle wieder miteinander vereint werden. Obwohl ich noch so jung war, wusste ich, dass ich zustimmte, Gott zu dienen, und gleichzeitig wusste ich, dass es nicht leicht sein würde. Ich musste gewillt sein, meinen Willen und mein Leben zu opfern, wenn und wann immer es verlangt wurde, und vielleicht musste ich den Spott der anderen ertragen, weil sie mich nicht verstehen und noch weniger anerkennen würden.

Ohne ein Wort begann die Helligkeit nachzulassen, und ich sah, wie Gabriel durch das Dach nach oben aufstieg. Seine untere Hälfte war in meiner Welt sichtbar, und seine obere Hälfte war, da wo meine Zimmerdecke begann, unsichtbar. Ich blinzelte ungläubig, und er verschwand.

Als ich größer wurde, erinnerte ich mich an mehr Einzelheiten von Gabriels Besuch, und es ergab sich daraus ein größerer Sinn. Ich hatte auch weitere Begegnungen – die Engel erschienen als blendendes weißes und goldenes Licht, mit kleinen Sternen oder funkelnden Sprenkeln darin, das mich mit gleicher Wärme und Liebe umgab.

Möchten Sie wissen, wie Sie Ihren Engeln begegnen können? Öffnen Sie Ihr Herz. Seien Sie aufrichtig und ehrlich. Werden Sie still, und Sie werden sie finden, denn sie sind immer in der Nähe und warten darauf, dass wir an sie glauben.

Begegnung mit meinem Engel

VON TERRI SANDERSON

Vor etwa drei Jahren machte ich eine wirklich harte Zeit durch. Ich war sehr depressiv. Mein Leben war mir egal, und ich hatte schon zwei Selbstmordversuche hinter mir. Eines Nachts wurde ich davon wach, dass jemand am Fußende meines Bettes saß. Zu der Zeit lebte ich alleine! Ich setzte mich auf und sah meinen Engel dort sitzen. Er hatte langes braunes Haar und trug ein weißes Gewand. Aus irgendeinem Grund machte mir sein Anblick Angst. Deshalb zog ich mir die Decke über den Kopf. Mein Herz klopfte.

Doch dann hörte ich ihn sagen: »Hab keine Angst. Ich bin nicht hier, um dir Leid anzutun. Ich bin hier, um dich zu beschützen.« Seit der Zeit habe ich weniger Angst und Depressionen.

Ich fühle mich wieder sicher

VON GRETA GULDEMONT

Ich wurde das Opfer einer brutalen Vergewaltigung. Der unbekannte Angreifer brach spät in der Nacht in meine Wohnung ein, als ich schlief. Obwohl ich aus dem Bundesstaat fortgezogen war und mit meinem Ehemann lebte, hatte ich zwei Jahre später immer noch die schlimmsten Alpträume nachts, in denen Leute hinter mir her waren und versuchten, mich zu verletzen. Ich wachte beinahe jeden Morgen völlig erschöpft auf.

Einen Abend vor Weihnachten hatte ich mir den Film »Miracle on 34th Street« angesehen, und später träumte ich von dem Film, als ich eine Stimme mich fragen hörte: »Bist du in Ordnung?« Es war die Stimme eines Mannes. Seine Worte erfüllten meinen Körper mit einer unglaublichen Wärme und dem Gefühl tiefen Friedens. Ich öffnete meine Augen und sah die Gestalt eines Mannes am Fußende unseres Bettes. (Mein Mann schlief neben mir.)

Normalerweise hätte mich der Anblick eines fremden Mannes in meinem Schlafzimmer wahrscheinlich in Angst und Schrecken versetzt (als Folge meiner Vergewaltigungs-Erfahrung). Doch ich lag einfach da voller Frieden und Wohlgefühl und genoss immer noch das Gefühl der Wärme, das meinen Körper durchströmte. Er wiederholte seine Worte und fragte mich, ob alles mit mir in Ordnung sei, und erneut empfand ich diese unglaubliche Wärme in meinem Körper, als ich ja sagte.

Er sagte, dass er über mich wache, und ich erinnere mich, dass ich lächelte und dann in einen wunderbaren tiefen, heilenden Schlaf fiel. War mein himmlischer Besucher ein Engel? Oder war es der Geist meines Vaters, der starb, als ich ein Baby war? Egal, danach hatte ich *nie* mehr Alpträume! Ich bin für dieses Erlebnis so dankbar.

Ein Raum voller Engel

VON ENID HABAN-MEGAHED

Am 28. Dezember 2000 wachte ich gerade auf, den Kopf voller Gedanken, bevor ich aufstand. Es war eine schwierige Zeit in diesen Festtagen gewesen. Ich hatte meinen Sohn drei Jahre vorher verloren, sein Geburtstag war zwei Tage vor Weihnachten gewesen.

Plötzlich war der Raum von Licht erfüllt. Als ich nach links blickte, sah ich Engel; als ich mich umsah, war der Raum *voller* Engel. Ich staunte. Als ich mich langsam im Kreis herumdrehte, war ich von Engeln und hellem Licht umgeben. Als ich mich ganz im Kreis herumgedreht hatte, fand ich mich vor einem riesigen, etwa 3 Meter großen Engel, der nicht wie all die anderen Engel um mich eine bestimmte Form hatte. Ich streckte meine Hand nach dem großen Engel aus. Dreimal bat ich, mit ihnen gehen zu können. Doch er sagte, ich könne jetzt noch nicht gehen. Sie bräuchten meinen Verstand und meine Stärke hier auf Erden.

Sie hielten mich fest. Als ich mich wieder umsah, war das weiße Licht fort, und der Raum war normal. Ich stand eine Woche unter Schock, bevor ich überhaupt jemandem von dem Besuch und der Botschaft erzählen konnte.

Niemals allein

VON SUZANNE B.

Vor einigen Monaten war ich sehr entmutigt vom Leben und seelisch und moralisch unten. Mein Sohn war ernstlich krank, ich hatte Schwierigkeiten in meinem Job, und ich fühlte mich auch vom Verhalten eines guten Freundes verletzt. Ich ging sehr aufgebracht ins Bett mit all diesen Gedanken im Kopf, und ich betete zu Gott und meinen Engeln, sie mögen mir helfen.

Etwa gegen 3 Uhr morgens fühlte ich jemanden neben mir im Bett (nicht meinen Ehemann). Ich hatte etwas Angst, drehte mich aber herum. Ich sah eine große Gestalt neben mir liegen, und ich konnte die Umrisse von Federn der Flügel des Engels erkennen. Da war auch eine grüne Färbung am Rand der Flügel. Ich drehte mich wieder zurück und schlief ein. Dabei fühlte ich mich sehr beruhigt, dass ich niemals allein bin, weder in guten noch in schlechten Zeiten.

Mein tröstender Engel

VON TAMAR GOLDBERY

Ich weinte mich selbst eines Nachts in den Schlaf, weil ich wirklich großen Kummer hatte aufgrund einer gescheiterten Beziehung. Ich schluchzte und zitterte förmlich, als ich die Nähe einer Frau spürte, die neben mir auf dem Bett nahe bei meinem Kopfkissen saß.

Als sie mein Haar streichelte, fühlte ich mich sofort getröstet und schlief ein. Aber ich habe sie gesehen. Sie hatte langes weißes Haar und war etwa 60 Jahre alt. Von dem Tag an habe ich mich nie mehr allein gefühlt, und ich weiß, dass immer jemand bei mir ist.

Angelika

VON CHARLES F.TURPIN

An einem Freitagabend musste ich auf meiner Arbeitsstelle sechs Treppenstufen hinauf in einen kleinen geschützten Raum steigen, wo ich mit Maschinen arbeitete. Plötzlich wie aus dem Nichts heraus fühlte ich einen stechenden Schmerz in meiner Brust, so dass ich meinen Kopf auf meinen Schreibtisch legte. Aber der Schmerz wurde immer schlimmer, bis er sehr wehtat. Ich versuchte meinen Mitarbeiter unten um Hilfe zu rufen, aber er antwortete nicht.

Dann sah ich zufällig aus dem Fenster und sah eine Person – eine Frau. Sie sah nicht aus wie etwas, das ich in der Kirche oder in einem Film gesehen hatte. Ich werde nie vergessen, wie sie aussah. Sie befand sich vor dem Fenster meines Arbeitsraumes, etwa auf 18 Meter Höhe vom Boden entfernt!

Ihre Augen waren von einem funkelnden Blau – nicht wie irgendein Blau, das man malen könnte und nicht wie etwas in einem Science-Fiction-Film, sondern wunderschön. Sie hatte kein Kleid an, sie war wie die Engel, die man immer dargestellt sieht. Sie war nackt. Doch ihre Haut war so weiß, wie ich es noch nie gesehen hatte – von einem solchen Weiß, dass die Details ihres Körpers verborgen blieben.

Ihr Haar war rot, lang und umschmeichelte sie, als ihre Flügel leise schlugen. Ihre Flügel waren nicht wie die von Tauben, sondern eher wie die von Spatzen.

Sie sagte nie hallo, und sie hatte zu keiner Zeit einen Schein um sich wie in den Filmen. Sie war ein wirklich lebendes Wesen oder eine lebende Seele. Ich versuchte meinen Kopf zu heben, doch sie kam zu mir und legte ihre Hand auf meinen Kopf und drehte meinen Hals, so dass ich sie besser sehen konnte. Sie sah mich nur an. Sie sprach nicht mit ihren Lippen, sondern über ihren Geist. Sie sagte: »Es ist noch nicht Zeit.« Und dann fragte ich sie aus irgendeinem Grunde: »Was ist dein Name?«, und sie sagte: »Angelika.«

Es war, als hätte ich mit den Augen gezwinkert, und dann war es Zeit, nach Hause zu gehen. Ich fuhr selbst nach Hause, und meine Frau brachte mich ins Krankenhaus. Die Untersuchungen ergaben, dass ich an dem Abend einen Herzanfall hatte. Doch sie machten eine weitere Untersuchung am folgenden Montag. Dabei zeigte sich, dass mein Herz auf wundersame Weise unversehrt geblieben war. Seitdem habe ich auch eine Krebserkrankung überlebt – obwohl ich nur eine Überlebenschance von zehn Prozent hatte. Irgendwie habe ich das Gefühl, dass Angelika noch immer um mich ist und mir hilft zu überleben.

»Seht mal, da ist ein Engel!«

VON ANN REIFF

Ich hatte einen Traum, in dem meine beiden Schwestern und ich in der Küche waren, und uns erschien ein Engel. Es war ein männlicher Engel, sehr groß, hellhäutig, mit welligen blonden Haaren bis zu seinen Schultern. Die Spanne seiner Flügel betrug auf jeder Seite etwa einen Meter. Ich sagte überrascht zu meinen Schwestern: »Seht mal, da ist ein Engel!« In meinem Traum bemerkte ich zu ihnen, dass ich mich nicht einmal fürchtete. Ich wachte auf, und es fühlte sich alles so wirklich an.

Eine Woche später erfuhren meine Geschwister und ich, dass bei meiner Mutter Krebs festgestellt und dass sie ins Krankenhaus gebracht worden war. Meine Schwester aus Australien, meine andere Schwester und ich flogen nach Kalifornien, um bei meiner Mutter zu sein. Wir wohnten alle im Haus meiner Mutter.

Als meine Schwestern und ich zusammen im Bad meiner Mutter standen, hatte ich auf einmal das Gefühl des Déjà-vu. Die Szene glich genau der in meinem Traum! Wenn man bedenkt, wie weit entfernt meine Schwestern und ich von unserer Mutter leben, so war die Chance, alle beieinander zu sein, im Grunde ganz gering. Ich wusste, dass mein Traum eine Botschaft von meinem Engel war, der mich wissen ließ, dass meine Mutter krank war, dass sie aber wieder gesund würde. Heute, Jahre später, geht es meiner Mutter großartig.

Ein Engel, der mir meine Lebensaufgabe zeigt

VON PIA WILSON

Ich hatte meditiert und es mit automatischem Schreiben probiert, um meine Schutzengel besser zu kennen. Ich erfuhr auf diese Weise, dass der Engel, der mir half, meine Lebensaufgabe zu erfüllen, Jim hieß. Zu der Zeit hatte ich das Gefühl, dass aus meinen ehrgeizigen Plänen nichts würde, und ich war sehr frustriert. Ich beschuldigte Jim, dass er sich nicht hart genug für meine Interessen einsetzte.

In der Nacht hatte ich einen Traum. Es war einer dieser Träume, die wie die Wirklichkeit erscheinen. Ich träumte, ich sprach mit einem meiner Freunde, dessen Name auch Jim ist. Ich scherzte mit ihm, so wie ich es normalerweise im Leben auch tat, aber er ging nicht darauf ein. Ich wurde wütend auf ihn, dann bemerkte ich etwas. Seine Augen waren ganz anders. Obwohl er oberflächlich gesehen wie mein Freund Jim aussah, so war er doch jemand anderes. Seine Augen waren größer und nahmen mehr von seinem Gesicht ein, und seine Wangenknochen waren besonders hoch.

Ich realisierte, dass dies mein Engel Jim war, was den Mangel an Humor erklärte. Durch meine Meditationen und mein automatisches Schreiben hatte ich gemerkt, dass der Engel Jim sehr ernst ist. Er brachte mich in einen Raum, wo Hunderte von »Leuten« an

Computerterminals saßen. Jim zeigte mir, wie viele Engel mit ihm arbeiteten, um mir zu helfen, meine Lebensaufgabe zu erfüllen.

Jim ist weiter in meinen Träumen immer um die Zeiten herum in den letzten Monaten erschienen, in denen ich in meiner Karriere große Fortschritte machte. Mir geht es stets besonders gut nach einem Traum, in dem er eine Rolle spielt. Er hat sogar meinen Liebesengel veranlasst, meine Träume zu benutzen, um mit mir zu kommunizieren. Engel sind wunderbar für die Liebe und dafür, uns zu helfen und zu beraten. Ich kann mir ein Leben ohne sie nicht vorstellen.

Ein Engel bringt mich ins Bett

VON ANGIE CHISTE

Im Jahre 1986 bekam ich in einem kleinen kanadischen Dorf weit fort von meiner Familie eine Arbeit als Kellnerin in einer Lastwagen-Raststätte, die die ganze Nacht geöffnet war. Die Unterbringung für das Personal bestand in einem alten Hotel. Jeder hatte dort sein eigenes Zimmer, mit Türen, die sich wie in den meisten Hotelzimmern automatisch verschlossen, wenn man sie zumachte.

Eines Morgens kam ich, nachdem ich die ganze Nacht gearbeitet hatte, um 6 Uhr in dieses Hotel. Ich ging in mein Zimmer, um ein wenig zu schlafen. Ich war so müde, dass ich mich ohne meine Schuhe auszuziehen mit meiner Uniform auf mein Bett legte. Kurz darauf wachte ich mit dem Gefühl auf, dass mir meine Schuhe ausgezogen wurden. Ich hob meinen Kopf und sah eine durchsichtige Dame, ganz in Licht eingehüllt. Sie zog meine Schuhe aus und deckte mich sanft mit einer Decke zu. Ich legte mich wieder zurück und wusste, sie würde über mich wachen, während ich schlief. Ich hatte überhaupt keine Angst.

Als ich aufwachte, lag ich unter der Decke, meine Schuhe standen ordentlich in der Ecke. Ich wusste, keiner konnte in das Zimmer kommen, da die Türen sich automatisch verschlossen, als ich mein Zimmer betrat. Es war ein Engel, der sich um mich nach einem langen Arbeitstag gekümmert hatte.

Der Tag, an dem ich die Engel sah

VON LAURA WEINTRAUB

Es war ein normaler Dienstagvormittag, und ich machte gerade die Kinder für die Schule fertig. Mein Sohn Aaron war der Langschläfer der Familie, und ich hatte jeden Morgen Schwierigkeiten, ihn aus dem Bett zu bekommen. Meine Aufmerksamkeit gilt immer als Erstes Aaron, da sein Schulunterricht eine Stunde vor dem meines anderen Sohnes Alexander beginnt.

Bis Aaron an diesem besonderen Morgen heruntergekommen war, hatte er gerade noch zehn Minuten Zeit für das Frühstück. Morgens hat er es immer schwer gehabt. Er verhält sich, als würde er einen Felsbrocken hinter sich herschleppen. Um dem Ganzen die Krone aufzusetzen, fing Aaron auch noch an, Alexander zu hänseln und ihn zu ärgern.

Ich hatte kürzlich »A Course in Miracles« (Ein Kurs über Wunder) studiert und dabei eine Menge über mich und andere gelernt. Ich beobachtete, wie meine Kinder sich ständig gegenseitig provozierten und versuchten, den anderen zu übertrumpfen. Ich fing an, mit Aaron zu sprechen, und fragte ihn, warum er Alexander hänselt. Es war, als würde Aaron seine Frustrationen an ihm auslassen! Aaron erzählte mir über die Schule und wie er fühlte, dass die anderen Kinder ihn nicht leiden konnten. Ich habe festgestellt, dass meine Kinder, wenn sie sich innerlich verletzt fühlen, die Tendenz haben, dies am anderen auszulassen. Daher versuchte ich Aaron zu helfen, die mögliche Ursache des Problems zu erkennen.

In dem Moment stürmte mein Mann in die Küche und schnauzte mich an, voranzumachen und zu sehen, dass Aaron in die Schule komme. Ich fühlte mich sofort angegriffen und verletzt. Ich ging in mein Zimmer und heulte. Dann dämmerte mir, dass ich selbst mich dafür *entschied*, mich angegriffen und verletzt zu fühlen. Wenn ich mich dafür entschied, das Verhalten meines Mannes anders wahrzunehmen, könnte ich mich ganz anders fühlen. Ich realisierte, dass ich meine Wahrnehmungen jederzeit, wenn ich es wollte, ändern konnte. Ich brauchte ein paar Stunden, bis ich meinem Mann verzeihen und die Sache loslassen konnte. Doch ich tat dies, weil ich mich nicht den ganzen Tag so fühlen wollte.

Ich begann zu beten und zu meditieren. Ich bat Gott, mir und meiner Familie Frieden zu bringen und mir zu helfen, meinem Ehemann, meinen Kindern und vor allem mir selbst zu vergeben. Ich musste loslassen und ihnen erlauben, ihre Lektionen selbst zu lernen, und darauf vertrauen, dass Gott und die Engel auch mit ihnen sind! Ich brauchte das Gefühl nicht mehr, über alles die Kontrolle haben zu müssen.

Als ich in meinem Zimmer saß und betete, hörte ich plötzlich ein leichtes Klopfen am Fenster. Ich dachte, es sei ein Vogel oder etwas in der Art. Zu meinem Erstaunen jedoch sah ich, dass der Himmel voller Engel war. Sie waren überall. Ich fing vor Freude an zu weinen. Ich hatte mir sehr gewünscht, Engel zu sehen, und ich wusste wirklich nicht, wann oder wo es einmal passieren würde. Mir wurde klar, dass ich vollkommen frei von allen aggressiven Gedanken und klar sein musste, um ihre Gegenwart erfahren zu können. Ich realisierte, dass sie um uns sind und in allem, was wir sehen, und dass wir alle eins sind!

An diesem Nachmittag hielten Alexander und ich auf der Heimfahrt kurz an, um einen kleinen Imbiss nach der Schule einzunehmen. Ich sang gerade ein Lied im Radio, als mein Sohn sagte: »Mama, da ist ein Gesicht, das mich anschaut!«, und mit seinem Finger in den Himmel zeigte. »Ist das ein Engel?«, fragte er. Ich war noch voller Staunen, als Alexander ausrief: »Und da ist noch einer und noch einer!«

»Ja!«, bestätigte ich, während Tränen über mein Gesicht liefen. Es war ein Wunder. Er sah genau dasselbe, was ich etwas früher an diesem Tag gesehen hatte.

Alexander war ganz aufgeregt und sagte: »Ich kann es kaum erwarten, Aaron davon zu erzählen. Aber was ist, wenn er mir nicht glaubt?« Ich sagte, er solle sich darüber keine Sorgen machen, und sprach ein kleines Gebet: »Bitte, Aaron, hänsele ihn dieses Mal nicht!«

Sowie wir nach Hause kamen, stürzte Alexander

die Treppen hinauf, um seinem Bruder alles zu erzählen. Ich hörte ihn sagen: »Aaron, rate, was ich gesehen habe? Ich habe einen Engel gesehen, der mich anschaute, und dann habe ich noch drei mehr gesehen!«

Aaron klopfte ihm sanft auf den Rücken und sagte bloß: »Cool, mein Lieber!« Ich lächelte, während Tränen über mein Gesicht liefen, als sich die beiden umarmten.

Das war ein besonderer Tag – einer, an den ich mich immer erinnern werde. Es war der Tag, an dem ich die Engel sah. Von dem Tag an war ich mir ihrer Gegenwart, der göttlichen Liebe und des göttlichen Schutzes für mich, für meine Familie und für alle von uns immer bewusst.

Trost von zu Hause

VON G. G.

Als ich noch ganz klein war, hatte ich einen sehr lebendigen Traum. Darin sah ich mich selbst stehend, in einem dunkelblauen Himmel hängend. Um mich herum waren fünf oder mehr Wesen in Kapuzenmäntel und Kleider gekleidet. Ihre Gesichter konnte ich nicht sehen, ich wusste aber irgendwie, dass ich eine von ihnen war. Mir fehlen die Worte, die bedingungslose Liebe zu beschreiben, die ich von dieser Gruppe von Wesen bekam. Ich musste nichts erklären, nichts beweisen. Sie liebten mich so, wie ich war.

Ich sprach mit ihnen auf telepathischem Wege. Ich sagte, ich wolle zurück auf die Erde gehen. Sie sagten: »Du musst nicht gehen.« Doch ich wiederholte meinen Wunsch. Sie sagten: »Es wird hart und schwierig sein.« Doch ich sagte, ich wolle trotzdem gehen. Sie mischten sich nicht ein. Ich sah dann, wie ich nach unten glitt und in ein Leben auf Erden zurückkehrte.

Meine geistigen Führer hatten Recht: Meine Kindheit *war* schwierig gewesen. Ich war die älteste Tochter von acht Geschwistern, und ich hatte oft das Gefühl, dass ich mit meinen Problemen ganz alleine zurechtkommen musste. In Augenblicken der Einsamkeit denke ich an meine Engel und ihre Liebe, und sofort bringe ich wieder die Kraft auf, mein Leben weiterzumachen.

2. KAPITEL

ERSCHEINUNGEN

»Sie wird auf mich warten«

VON KIMBERLY MILLER

Es war im Dezember 1986, drei Monate nach dem Tod meines Vaters, und meine Mutter lag mit Herzschwäche im Krankenhaus. Ich hatte meinem Vater auf dem Sterbebett versprochen, mich um meine Mutter zu kümmern, auch wenn wir eine sehr angespannte Beziehung miteinander hatten.

Als ich meine Mutter eines Nachmittags besuchte, stellte ich fest, dass ich das Eau de Cologne meines Vaters riechen konnte. Ich fragte bei jedem meiner Brüder nach, weil ich dachte, dass sie das Eau de Cologne aufgelegt hatten, doch keiner verwendete es. Ich war der Einzige, der es riechen konnte. Ich ging ins Zimmer zurück und fühlte die Anwesenheit von jemandem auf der linken Seite des Krankenhausbettes, in dem meine Mutter lag. Und wieder konnte ich das Lieblings-Eau de Cologne meines Vaters riechen. Ich wusste in dem Moment, dass er über meine Mutter wachte und auf sie wartete.

An dem Abend ging ich nach dem Krankenhausbesuch bei meiner Mutter nach Hause, um für meine Kinder die Lichter in den Weihnachtsbaum zu hängen. Ich erhielt einen Anruf vom Krankenhaus, so schnell wie möglich dort hinzukommen, da sich der

Zustand meiner Mutter sehr verschlechtert hatte. Ich sprang in mein Auto und fuhr weit über der Geschwindigkeitsgrenze, um schnell in die Klinik zu kommen.

Als ich die Straße entlangraste, lief mir plötzlich ein eiskalter Schauder über den Rücken. Als ich auf den Beifahrersitz blickte, sah ich, dass mein Vater dort saß. Alles, was er sagte, war: »Sie wartet auf dich; du musst langsamer fahren«, und dann war er verschwunden.

Segne sein Herz

VON DIANNE GALLIGAN

Vor vierzehn Jahren verlor ich meinen jüngeren Bruder (29 Jahre alt). Er beging Selbstmord. Als ich am Tag seiner Beerdigung nach Hause kam, war das Band meines Anrufbeantworters ganz aufgebraucht. Doch jeder, der mich kannte, wusste, dass ich auf der Beerdigung meines Bruders war. Ich spielte das Band ab, und alles, was ich hörte, war das ganze Band lang ein elektrischer Sound. Ich wusste, dass das mein Bruder war, der mit mir kommunizierte. Er rief mich immer an und machte seine Scherze mit mir auf meinem Anrufbeantworter.

Einen Monat später hatte mein Vater einen schweren Herzanfall. Mein Bruder erschien mir (ich weiß, dass ich nicht schlief!) und sagte mir, dass er komme, um meinen Vater zu holen. Ich bat meinen Bruder inständig, nicht meinen Vater mitzunehmen, denn es war erst einen Monat nach seinem (meines Bruders)

Tod. Ich sagte ihm, dass wir Papa brauchten und dass meine Mutter unmöglich so bald danach einen weiteren Tod verkraften konnte. Deshalb betete ich zu Gott und sandte Engel zu meinem Vater, um ihn zu beschützen. Ich rief im Krankenhaus an, und ich erfuhr, dass mein Vater eine sehr schlechte Nacht hatte.

Ich weiß, dass es die Engel waren, die halfen, dass mein Vater noch acht Jahre bei uns blieb, auch wenn sein Herz sehr schlecht arbeitete. Als Papa 1994 starb, sagten die Ärzte, sie wüssten nicht, wie er mit einem so schlechten Herzen noch hatte so lange leben können. Doch ich wusste, warum!

Ein Babyengel

VON SUZANNA LONCHAR

Das kleine dicke Baby hatte mir gerade wieder eines seiner wunderbaren Lächeln geschenkt. Ich war zu der Zeit 11 Jahre alt und sah oft bei den Nachbarn drei Türen weiter die Straße hinunter vorbei, um mit ihm zu spielen. Das Baby hatte den Spitznamen Baby Butch, und ich war verliebt in sein entzückendes Lächeln und seine gute Laune. Es war etwa neun Monate alt, ein hübsches Baby mit einem Kopf voller dicker rotbrauner Locken.

Die Mutter der Kinder, die ich hier »Nora« nennen will, wollte eines Abends unbedingt ausgehen, fand aber keinen Babysitter. Sie fragte meine Mutter, ob ich auf das Baby aufpassen könnte, aber meine Mutter sagte, dass ich noch zu jung sei, um eine solche Verantwortung zu übernehmen.

Später in dieser Nacht erwachte ich aus tiefem Schlaf und hatte die schönste Erscheinung, die ich je gesehen habe. Baby Butch schwebte von Wolken umgeben über dem Fußende meines Bettes. Die Erscheinung war so hell, dass sie den Raum erleuchtete. Baby Butch trug eine Krone, und es sah aus, als wäre es umgeben von Diamanten, Rubinen und Juwelen, die wie Engelslichter um es herumfunkelten. Es gluckste und lachte und war glücklich. Es hatte kleine Flügel und trug ein kleines Kleid aus leuchtend rotem Samt. Es war der herrlichste Anblick! Mit seinen dichten rotbraunen Locken glich es einem Bild, das ich vom Jesuskind gesehen hatte. Die Erscheinung dauerte vielleicht ein paar Sekunden, doch sie war echt. Meine Augen waren weit offen, und dies war kein Traum. Danach bin ich wohl wieder in den Schlaf gefallen.

In den frühen Morgenstunden wurde ich plötzlich durch jemanden wach, der hysterisch gegen unsere Haustür schlug. Ich sprang aus dem Bett und eilte die Treppen hinunter. Es war unsere Nachbarin, die aufgelöst schrie: »Baby Butch ist tot! Baby Butch ist tot!«

Es war sechs Uhr morgens, und Nora war gerade nach Hause gekommen. Sie hatte ihre Kinder über Nacht alleine gelassen. Als sie in das Babykörbchen sah, stellte sie fest, dass das Baby tot war. Es hatte sich offensichtlich erwürgt oder war erstickt, denn es hatte sich das Bettlaken um den Hals gedreht.

Baby Butch hatte mich diese Nacht besucht, um mir zu zeigen, dass es nun ein Engel ist. Es ließ mir diese Botschaft zukommen, damit ich nicht traurig bin, denn es war jetzt bei Jesus. Seit der Zeit weiß ich, dass der Tod nicht das Ende ist. Es *gibt* einen Himmel, und Engel sind wirklich.

Meine Engeltochter

VON MARY ANNE LUPPINO

Im Jahre 1987 war ich mit meinem ersten Kind schwanger. In der Nacht wachte ich plötzlich auf und sah einen kleinen weiblichen Kindergeist, der an der unteren Ecke an meiner Bettseite stand. Er lief auf mich zu, bis er vor meinem Gesicht stand, und ich streckte automatisch, ohne zu wissen, was ich tat, meine Hand nach ihm aus, um ihn festzuhalten. Dann verschwand er. Nachdem mein Kind geboren war (ich war sicher, ich würde einen Jungen haben, stattdessen bekam ich aber eine Mädchen), realisierte ich, dass der Geist, den ich sah, der meiner Tochter Luciana war und dass er in dem Augenblick in meinen Fötus eintrat. Ich weiß, das klingt merkwürdig, aber ich fühle ganz stark, dass es wahr ist.

3. KAPITEL

VISIONEN BEI NAHTOD-ERFAHRUNGEN

Was ich im Himmel sah

VON JEANNENE BETHEA

Es war Samstagnacht, am 13. März 1999 um 23.30 Uhr. Mein Mann gab mir einen Gutenachtkuss, sagte mir, dass er mich liebt, und legte sich dann schlafen. Am nächsten Morgen, erinnerte sich mein Mann, dass ich, als er aufwachte, an meinem Bettrand saß und mich in seltsamer Weise bewegte. Er sagte, dass er mich fragte: »Ist alles in Ordnung, mein Liebling?«

Meine Antwort lautete: »Ich mache meine gymnastischen Übungen.« Er sagte, dass ich meine Arme in die Luft hielt und mich wie ein Affe verhielt. Dann sagte er, dass ich ihm sagte, ich fühle mich komisch und dass ich mich noch einmal schlafen legen wollte. Daher beschloss er, dasselbe zu tun. Doch innerhalb von 30 Minuten weckte ihn etwas auf. Mein Mann hat einen tiefen Schlaf, deshalb müssen es Engel gewesen sein, die ihn aufweckten. Er rief meinen Namen, aber ich antwortete nicht. Er streckte seine Hand nach mir aus und berührte mich, weil ich, wie er sagte, so weiß aussah. Er sagte, ich war sehr kalt und feucht, und er bekam Angst.

Er rief dann unsere 17-jährige Tochter zu Hilfe. Sie versuchten mich anzuziehen, um mich ins Krankenhaus zu bringen, aber ich war wie ein nasser Lappen, und sie konnten mich nicht anziehen. Daher riefen sie den Rettungsdienst an. Sowie die Sanitäter kamen, schlossen sie mich an ein Lebenserhaltungssystem an.

Ich wurde ins Krankenhaus gebracht, und in der nächsten Stunde wurde mein Mann in die Intensivstation gerufen, wo man ihm die Diagnose mitteilte: Meine Nieren hatten total versagt. Dies hatte zur Folge, dass alle meine anderen Organe nicht mehr arbeiteten. Es sah nicht gut aus für mich, und der Arzt riet meinem Mann, die Familie an mein Bett zu rufen, um sich von mir zu verabschieden. Mein Mann musste dann unseren drei Töchtern, 22, 17 und 10 Jahre alt, sagen, dass ihre Mutter vielleicht sterben würde.

Von alldem, was um mich herum passierte, wusste ich nichts. Ich befand mich mitten in einem Prozess, bei dem ich durch einen Tunnel weißen Lichts zu dem schönsten, friedlichsten und unglaublichsten Ort gelangte, den man sich nur vorstellen kann. Alles war so klar, so weiß, so rein. Ich fühlte mich zu Hause.

Überall waren Engel, jeder schwebte in seiner eigenen Glaskugel! Ich befand mich in keiner Glaskugel, aber ich schwebte auch. Ich hatte das Gefühl, mein Gleichgewicht nicht halten zu können. Ich schwebte nach rückwärts, dann nach vorne, dann nach oben, dann nach unten. Doch jedes Mal, wenn ich anfing, zu fallen, kam ein Engel aus seiner Kugel und half mir, mich wieder gerade zu halten, damit ich mich nicht verletzte. Sie waren da, um mich zu beschützen.

Da waren auch verschiedenfarbige Stäbe. Ich wusste weder damals noch heute, was sie zu bedeuten hatten, es sei denn, sie repräsentierten den Regenbogen. Ich bin mir dessen immer noch nicht sicher.

Während all dies geschah, hörte ich eine Stimme sagen, »Es ist Zeit für sie, nach Hause zu gehen, ihr Engel.« Diese Stimme war so klar und doch so fest. »Ihre Zeit ist noch nicht gekommen, und sie hat es nicht verdient, auf diesem Wege hierher zu kommen.« Dann war die Stimme verschwunden.

Zwei Engel kamen aus ihren Glaskugeln und brachten mich durch einen anderen weißen Tunnel zurück, bis ich zu Hause war. Sie brachten mich dazu, meine Augen zu öffnen, und natürlich wusste ich nicht, wo ich war oder was passiert war. Als ich erwachte, war beinahe eine Woche vergangen, nachdem ich ins Krankenhaus gebracht worden war. Mein Mann und mein Bruder standen an meinem Bett und sahen angstvoll aus.

Während der Woche in der Klinik hatte ich fünf Dialysebehandlungen bekommen, während ich ohne Bewusstsein war. Nachdem ich mein Bewusstsein wiedererlangt hatte, erhielt ich die sechste Dialysebehandlung, und man sagte mir, ich bräuchte sie dreimal wöchentlich, vielleicht für immer. Doch es war wie ein Wunder, eine weitere Behandlung war nicht mehr nötig. Alles normalisierte sich am 22. März 1999.

Die Ärzte haben nie herausgefunden, warum mir das passiert ist, was die Ursache dafür war oder warum ich noch hier auf Erden bin, aber *ich* weiß, warum ich noch hier bin: Gott. Die Ärzte nennen mich ihre Wunderfrau.

An einen Ort solcher Freude, solchen Friedens und solcher Schönheit geschickt zu werden, an den kein Traum heranreicht oder den Worte je beschreiben könnten, ohne irgendwelche Geheimnisse und mit allem in voller Sicht, mit nichts darin versteckt, ist etwas, dass ich niemandem erklären kann. Wir finden die Worte dafür nicht im Wörterbuch, sondern nur in unseren Herzen.

Warum lässt man mich vom Kuchen kosten und nimmt ihn mir dann weg? Ich fragte mich dies noch Monate danach. Und schließlich erhielt ich die Antwort von Gott selbst: »Ich bin Gott. Ich bin dein Schöpfer: Ich schrieb das Buch, bevor du geboren wurdest. Alles ist in der Göttlichen Ordnung. Du musst den Willen erfüllen, so wie ich ihn für dich geschrieben habe, und dann kannst du nach Hause kommen. Von nun an liebe mit deinem ganzen Herzen und breite dein Licht aus, wo immer du gehst, was immer du tust.«

Jetzt warte ich jeden Tag auf SEINE Lektionen, um mich SEINE Weise zu lehren.

Ich treffe meinen Vater wieder

VON SHIRLEY FINCH

Mein Vater lebte in Idaho, und ich lebte in Kalifornien. Mein Vater rief mich eines Abends im April 1979 noch spät an. Er weinte und bat mich inständig, meine zwei kleinen Mädchen zu nehmen und ihn zu besuchen, bevor es zu spät ist.

Ich sagte: »Oh, Papa, ich bin im Juni da, wenn die Mädchen keine Schule mehr haben.«

Er antwortete: »Dann ist es zu spät.«

Ich sprach eine Weile mit meinem Vater, und er bat mich immer weiter, zu kommen. Ich fragte ihn, ob er krank sei. Er antwortete, er sei nicht krank, aber er wisse einfach, dass es zu spät sein werde.

Einen Monat später rief meine Schwester an und überbrachte mir die schreckliche Nachricht vom Tod meines Vaters. Mein Vater starb bei einem furchtbaren Autounfall, während er sich mit meinen beiden älteren Brüdern auf der Jagd befand. Ich war fassungslos, das Telefongespräch mit meinem Vater ging mir pausenlos durch den Kopf. Ich war vollkommen fertig deswegen und machte mir Vorwürfe, dass ich nicht zu ihm gefahren war.

Meine Mutter sagte mir, dass mein Vater vor dem Unfall seine Sachen ordnete, weil er wusste, dass »seine Zeit« gekommen war. Meine Mutter dachte, er sei verrückt, so etwas zu sagen. Meine Brüder erzählten, dass mein Vater am Abend vor dem Unfall zu ihnen gesagt hatte, »Bevor ich heute Abend gehe, möchte ich, dass ihr wisst, wie sehr ich euch liebe.« Stunden später war er tot.

Im Juni 1986 wurde ich von einer halbautomatischen Waffe, Kaliber 38, angeschossen. Die Kugel ging durch meinen linken Arm, von da durch meine Lunge und blieb dann in meinem Rückgrat stecken. Ich »starb« im Rettungswagen. Die Sanitäter gaben mir CPR und eine Adrenalininjektion ins Herz.

Nachdem ich »gestorben« war, bewegte ich mich in diesem sehr dunklen Raum. Ich bin mir nicht sicher, wohin ich mich bewegte, ob nach oben, nach unten oder zur Seite. Da war ein kleines Licht. Je näher ich kam, desto größer wurde das Licht. Als ich es erreicht hatte, stand mein Vater in dem Licht. Ich stand im Dunkeln und wollte zu ihm gehen, denn ich war so glücklich, ihn zu sehen. Ich vermisste ihn so sehr!

Doch er sagte: »Du solltest noch nicht hier sein.«

Ich erwiderte: »Es ist o.k. Ich bin froh, dich zu sehen.« Ich wollte so gerne zu ihm gehen und ihn umarmen, aber meine Füße bewegten sich nicht von der Stelle. Ich konnte nicht in das Licht treten.

Mit strenger Stimme sagte mein Vater: »Nein! Geh nach Hause. Deine Kinder brauchen dich.« In dem Augenblick öffnete ich die Augen, und meine Mutter war in der Notaufnahme und hielt meine Hand. Meine Erfahrung hat mich für immer verändert. Heute lebe ich jeden Tag, als wäre es mein letzter. Ich mache immer noch Pläne und habe Ziele, auf die ich mich freue, aber ich strenge mich in besonderer Weise an, zu jedem freundlich zu sein. Ich sage meiner Familie und meinen Freunden, dass ich sie liebe und dass ich sie immer lieben werde. Und ich helfe Fremden in Not. Ich habe ein fürsorgliches Herz dank meiner Erfahrung entwickelt.

Meine Zeit war noch nicht gekommen

VON BRENDA J.SALAZAR

Eines Morgens im Juli 2000 versuchte mein Enkel Brandon mich zu wecken. Ich sollte ihm etwas Milch geben. Als ich nicht aufwachte, holte er meine jüngste Tochter Eva. Doch Eva konnte mich auch nicht wecken. Voller Panik rief Eva den Rettungsdienst. Die Sanitäter konnten mich nicht reanimieren, obwohl sie es mit Riechsalzen und einer Herzmassage versuchten.

Während all dies um mich herum passierte, hatte ich mein ganz eigenes Abenteuer! Das helle Licht, das immer mit Nahtoderlebnissen in Verbindung gebracht wird, war da. Ich sah meine Großmutter und Großvater Beggs. Mein Stiefvater war auch da. Er hielt mein kleines Patenkind, Tianna Marie, das als Totgeburt zur Welt kam. Der Vater und die Großeltern meines Mannes waren auch da. Ich hatte seine Großeltern nie kennen gelernt, da sie Jahre vorher gestorben waren. Da waren Großtanten und Onkel, die ich kannte, und einige, die ich nicht kannte.

All diese Verwandten wollten, dass ich verschiedenen Leuten Nachrichten überbringe. Die ganze Zeit über, in der ich mit diesen Verwandten kommunizierte, rief mir meine Großmutter Begg zu: »Geh zurück, du solltest noch nicht hier sein. Schnell, geh zurück!«

Das Nächste, an das ich mich erinnere, ist, dass ich zu den Sanitätern sagte, sie sollten auf meinen Rücken aufpassen! Sie trugen mich die Treppen meiner Wohnung in einer Art Stuhl hinunter und schlugen dabei gegen jede Stufe hart an. Ich glaube, meine Großmutter stieß mich in meinen Körper zurück. Ich überbrachte jedem die Botschaft, die ich ihm überbringen sollte, und erzählte ihm von meiner Erfahrung. Meinem Mann beschrieb ich haargenau seine Großeltern, was meine Schwiegermutter erstaunte, da ich noch nicht einmal geboren war, als sie starben.

4. KAPITEL

Besuche von geliebten Verstorbenen im Traum

»Nein, weine nicht«

VON JEANINE BENY

Mein Vater, dem ich sehr nahe stand, starb am 15. April 1987, als ich 19 Jahre alt war. Ich war völlig verzweifelt, weil sein Tod so plötzlich kam und auch, weil ich nicht da gewesen war, als er starb. Man hatte Krebs bei ihm festgestellt, und eine Woche später war mein Vater tot.

Etwa einen Monat später am Muttertag beruhigte sich mein Geist endlich ein wenig, als ich einen Besuch von meinem Vater in einem Traum erhielt. In diesem Traum putzte ich das Innere meines Autos. Ich blickte auf und sah meinen Vater auf mich zukommen. Er trug die gleiche Marineuniform, in der wir ihn begraben hatten. Er kam direkt zur Tür des Autos, und ich stand auf und fing an zu weinen.

Vater schüttelte seinen Kopf, als wollte er sagen, »Nein, weine nicht.« Ich fragte ihn, ob er wisse, wie sehr ich ihn liebte. Er nickte mir ein »Ja« zu. Wieder fing ich an zu weinen und sagte ihm, wie sehr ich ihn vermisste und wie sehr ich ihn liebte. Dann fragte ich ihn, ob er frei von Schmerzen und glücklich sei. Und wieder nickte er ein »Ja«.

Dann nahm er meine Hand in seine Hand und rieb

sie gegen meine Wange. Bis heute kann ich mich noch erinnern, wie sich das anfühlte. Dann sah er mich an, als wollte er sagen: »Ich muss gehen«, und lief über die Straße auf das Nachbargrundstück und verschwand. Ich wachte in kaltem Schweiß auf, doch irgendwie hatte ich eine neue Einstellung zu seinem Tod gewonnen und fühlte mich leichter.

Ich hoffe, dass meine Geschichte anderen so helfen kann, wie der Besuch meines Vaters mir geholfen hat.

Papa ist immer noch bei uns

VON MICHELLE MASSIP HANDEL

Mein Vater starb plötzlich mit 61 Jahren an einem Herzinfarkt. Meine Mutter, mein Bruder und ich waren erschüttert. Eines Nachts nach seinem Tod hatte ich ein Hörerlebnis, in dem mein Vater mir sagte, ich solle aufhören, aus seinem Tod eine solche große Sache zu machen, dass es ihm gut gehe und dass er nicht wolle, dass ich so traurig sei. Ich rief sofort meine Mutter an, nur um zu erfahren, dass sie eine ähnliche Erfahrung gemacht hatte.

Mein Bruder war am Strand zu der Zeit, und als er nach Hause kam, rief er mich an. Er sagte: »Ich wollte dich nur wissen lassen, dass ich unten am Strand war und an Papa gedacht habe und denke, es geht ihm gut.« Daraufhin erzählte ich ihm, was meine Mutter und ich erlebt hatten.

Alle drei haben wir im Laufe der Zeit öfter Besuche im Traum gehabt. Als ich einmal aus einem dieser Träume erwachte, hatte ich das Gefühl, als hätte ich

Zeit in jedem Sinne dieses Wortes mit meinem Vater verbracht. Das war ein sehr gutes Gefühl. Vater und ich besuchten uns über einige Jahre in den Nächten vor meinem Geburtstag. Für mich war das wie ein Geburtstagsgeschenk von ihm.

Meine Mutter berichtete mir, dass sie eines Tages heulend zusammenbrach, weil sie etwas im Hause nicht reparieren konnte, etwas, was normalerweise mein Vater in Ordnung gebracht hätte. Dann hörte sie, wie er sagte, sie solle aus der Garage ein Werkzeug holen, und erklärte ihr sogar ganz genau, wo es sich befand.

Ich bekomme keine Besuche mehr von meinem Vater in meinen Träumen, an die ich mich erinnere. Doch ganz bestimmt spreche ich zu ihm und spüre seine Nähe.

Mein Vater beruhigt mich

VON CAROL W.

Mein Vater lebte allein in Arizona, ziemlich weit entfernt von seinen anderen Familienmitgliedern und von mir. Meine Schwester und ich telefonierten regelmäßig mit ihm. Als wir einige Tage nichts von ihm hörten, waren wir beunruhigt. Meine Schwester rief die örtliche Polizei an und bat, sie möchten zu Vaters Haus zu gehen. Sie fanden meinen Vater tot im Bett. Offensichtlich war er einige Tage davor gestorben.

Eine Autopsie wurde nie vorgenommen, weil der Gerichtsmediziner sagte, dass Vater eines natürlichen Todes gestorben war. Doch es beschäftigte meine

Schwester und mich, dass wir nie herausfanden, woran unser Vater gestorben war.

Einige Wochen später wachte ich aus tiefem Schlaf mit dem Gefühl auf, mein Vater befinde sich am Ende meines Bettes. Doch ich fürchtete mich zu sehr, seine Erscheinung anzuschauen für den Fall, dass er schrecklich verwest aussehen würde, so wie an dem Tag, als sein Körper von der Polizei gefunden wurde. Ich teilte meine Befürchtungen meiner Schwester mit, und sie beruhigte mich, dass Vater genauso aussehen würde wie zu der Zeit, als er lebendig und gesund war.

Meine Schwester hatte Recht. Ich hatte einen Traum, in dem sie und ich Geschirr forträumten und dabei über unseren Vater sprachen. Das Nächste, an das ich mich erinnere, ist, dass alles um mich herum weiß wurde. Meine Schwester war nicht mehr da, und mein Vater saß an meinem Küchentisch. Ich erinnere mich daran, wie gut er aussah und dass ich ihm dies auch sagte. Ich sagte ihm auch, dass ich ihn liebte und ihn vermisste. Mir fiel auf, dass er, während er dasaß, nicht rauchte und keinen Kaffee trank, wie er es immer tat. Ich fragte ihn auch, was passiert war. Er sagte mir, dass er an einem Herzanfall starb. Danach wachte ich auf, und seitdem habe ich meinen inneren Frieden gefunden, was meinen Vater anbetrifft.

Göttliche Botschaft von Papa

VON JUDITH WAITE

Mein Vater Colin starb 1987 an einem Herzinfarkt und auch an Arterienverkalkung. Ursache davon waren seine zwei Laster: Biertrinken und Rauchen. Er sagte immer, diese zwei Angewohnheiten würden »niemandem schaden, nur ihm selbst« ... wie wenig wahr! Wenn jemand unerwartet stirbt, bleibt die Familie verzweifelt zurück.

Mein Vater war kein religiöser oder spiritueller Mensch, und ich wusste von ihm nur, dass er zu Beerdigungen, Hochzeiten und Taufen in die Kirche ging. Doch mein Vater erschien mir mehrmals im Traum und war spirituell viel kenntnisreicher, als es während seines Erdenlebens den Anschein gehabt hatte. Er erklärte mir, er sei da, um Mama zu helfen und auch, um mir bei meinen persönlichen Problemen zu helfen. Als ich erwachte, konnte ich noch immer die Wärme seiner Hand fühlen, die meine hielt.

Einige Zeit danach hörte ich meinen Vater zu mir sprechen. Ich war erstaunt darüber, wie weise er spirituell gesehen war. Er sagte, »Es gibt keinen »zu frühen«, zeitlich falschen Tod. Es läuft alles nach einem genauen Plan – nicht Gottes Plan an sich –, doch jeder Einzelne wählt auch, wenn er in das irdische Leben kommt, die Zeit seines Fortganges von dieser Erde. Kein Baby wird geboren, ohne darum zu wissen.

»Wir kommen, um zu geben, dann gehen wir. Ich habe vielen weitergeholfen, seit ich in diesem Zustand bin, und ich mache das weiter, denn ich liebe diese Arbeit. Ich bin nie lange in meinem Grab gewesen. Das Grab ist ein Aufbewahrungsort für Knochen und Asche, aber nicht für den Geist. Wir ehren die Toten, wenn wir sie am Grab ›besuchen‹ ... dummes Zeug! Ich bin lebendiger und motivierter, als ich es je in meinem Körper war. Wenn du glaubst, mit dem Tod ist alles zu Ende, Punktum, dann ist das o. k., aber der Schmerz liegt im Leiden derjenigen, die zurückbleiben. Wenn wir uns aber weiterentwickeln können, dann wird das Leiden nachlassen, und viel mehr können lernen, dass der GEIST immer da ist, um uns zu helfen.

Sallys Kleid

VON ROD I. IGNACIO

Letztes Jahr starb eine Dame namens Sally, mit der ich bei der Post arbeitete. Sie war wie eine Mutter zu mir gewesen und behandelte mich wie ihren Sohn. Ich konnte immer in Zeiten der Not auf sie zählen.

Ich weiß, dass Sally einer meiner Engel ist. Sie besuchte mich oft in meinen Träumen. Einen Traum hatte ich etwa einen Monat nach ihrem Tod. Als ich im Traum mit ihr sprach, bemerkte ich, dass sie ein Kleid mit einem Blumenmuster trug. Ich habe sie nie in einem solchen Kleid gesehen, als sie noch lebte.

Am nächsten Tag zeigte mir ein Mitarbeiterin, die Sally auch nahe stand, ein Foto, das ihr von Sallys Mutter zugeschickt worden war. Auf diesem Bild trug Sally das gleiche Blumenkleid, das ich im Traum an ihr gesehen hatte.

Großvater ist zurück

VON DEBRA PRISTO

Im November 1997 starb meine geliebte Großmutter. Ich wachte oft aus Träumen auf und wusste, dass ich mit ihr Gespräche geführt hatte, während sie an der Seite meines Bettes saß. Ich erinnere mich nicht, was gesprochen wurde, ich erinnere mich nur an ihre Nähe.

Dann starb im Dezember 1999 mein Großvater. Im darauf folgenden Mai hatte ich einen Traum, der noch heute so wirklich ist wie vor eineinhalb Jahren. Ich war zusammen mit meiner Großmutter und anderen in einem Raum ohne Mauern, das heißt in einem Raum mit einer Art grauweißen, nebelhaften Mauern. Ich wusste nicht, wer die anderen waren, doch ich wusste, ich kannte sie.

Ganz laut in meinem Kopf hörte ich meinen Großvater mit einer Stimme sagen, die er vor 30 Jahren hatte: »Debra, ich bin zurück, und mir geht es gut.« Ich war verwirrt, und er wiederholte dies noch zweimal und fügte hinzu, dass ich dies Großmutter sagen sollte. Ich war unglaublich aufgeregt, als ich diese Botschaft meiner Großmutter ausrichtete, und ich wachte mit dem schönsten Gefühl auf, das ich je empfunden hatte.

Doch ich war verwirrt. Warum richtete ich der Großmutter eine Botschaft aus, wenn ich dachte, die beiden wären zusammen? Was meinte er mit »Ich bin zurück«? Wollte er damit sagen, er ist zurück auf der Erde, er wurde reinkarniert? Dieses Erlebnis war so wirklich wie mein Gang zum Lebensmittelladen heute morgen und war die beste Starthilfe für meine eigene spirituelle Reise.

»Alles wird gut«

VON SUSAN HUNTZ-RAMOS

Am 1. Februar 1995 wurde meine jüngste Tochter geboren. Meine Mutter konnte nicht bei mir sein, weil sie bei ihrem älteren Bruder im Krankenhaus blieb, der die Woche davor von einer Leiter gefallen war. Zu der Zeit wusste ich nicht, wie ernst sein Unfall war. Sie wollten mich während meiner Schwangerschaft nicht aufregen.

Als meine Tochter etwa fünf Tage alt war, besuchte mich mein Großvater in meinen Träumen. Er ging gerade, etwas, was mein Großvater in den letzten 40 Jahren seines Lebens nicht mehr konnte. Er hielt meine Hand und lief mit meinen anderen beiden Kindern und mit mir. Er sagte mir, dass er nicht lange bleiben könnte, da er nach meiner Schwester Kip und meinem Cousin Patrice schauen müsste. Beide waren ernsthaft erkrankt.

Großvater hatte eine Botschaft für mich, die er mir unbedingt zukommen lassen wollte. Er wollte mich nur wissen lassen, dass »alles gut wird«. Er sagte dies immer und immer wieder. Er bat mich, diese Botschaft auch meiner Familie auszurichten.

Als ich aufwachte, war ich von dem Traum verwirrt. Ich hatte meinen Großvater nie gesehen, als er noch fähig war, gerade zu stehen. Ich dachte: »Oh, es war ja nur ein Traum.« Doch ich war immer noch durcheinander und rief deshalb meinen Vater an. Das ist ein Mann, der an diese Art Dinge nicht glaubt. Als ich ihm aber meine Geschichte erzählte, wurde mein Vater plötzlich still und sagte dann zu mir: »Sue, ich glaube, du hattest einen ganz besonderen Besucher letzte Nacht.« Ich bekam eine Gänsehaut und wusste in dem Augenblick, dass es stimmen musste, wenn mein Vater es auch so fühlte.

Innerhalb der nächsten Tage starben die Schwägerin meines Vaters und der Bruder meiner Mutter. Doch dank der Botschaft von meinem Großvater fühlte sich unsere Familie getröstet. Es ist ein wunderbares Gefühl, wenn Engel und Geister um einen sind. Ich hoffe, dass ich, wenn ich in das Leben nach dem Tod komme, die Gelegenheit haben werde, zurückzukommen und anderen zu helfen, so wie mir geholfen worden ist.

»Iss Fisch«

VON LYNN GEOSITS

Im Jahre 1987 starb mein Lieblingsonkel Lou Garrett. Etwa sechs Monate später erschien mir Onkel Lou im Traum. Er stand neben einer Frau, die wie eine Krankenschwester gekleidet war. »Iss Fisch!«, sagte er zu mir. Dann verschwand er.

Ich fühlte mich angeregt von seinem Besuch, doch ich hätte ihm gerne noch manches dazu gesagt, wie enttäuscht ich war, dass er gegangen war und zu mir nur gesagt hatte, ich solle Fisch essen! Ich war schon seit beinahe 20 Jahren Vegetarier, und seine Botschaft war für mich nicht einfach zu befolgen. Es brauchte ein Jahr, bis ich Fisch in meinen Speiseplan aufnahm, aber schließlich aß ich ihn. Ich wohnte an der Westküste zu der Zeit, und ich fing an, den frischen Fisch zu genießen. Dann zog ich ins Landesinnere und ignorierte seine Botschaft wieder.

Kurz darauf entwickelte ich einen Tremor *(Bewegungsstörung, bei der Muskelgruppen von rhythmischem Zittern erfasst werden/Anmerkung der Übersetzerin)* in meinem Kopf und Nervensystem. Der Neurologe sagte, ich würde dies für den Rest meines Lebens haben, und es gäbe keine Heilung. Frustriert von dieser düsteren Diagnose, suchte ich eine Heilerin auf. Sie sagte, ich litte an einer Mangelernährung und bräuchte mehr Proteine. Sie sagte, ich hätte mich zu einseitig mit Soja und Bohnen ernährt, mein Körper bräuchte Protein und Jod auch aus anderen Nahrungsquellen.

Ich erinnerte mich sofort an den Besuch meines Onkels und realisierte, dass er mich bereits darauf hingewiesen hatte, noch bevor ich erkrankte. Ich befolgte den Rat der Heilerin und nahm wieder Fisch in meinen Speiseplan auf. Heute habe ich keinen Tremor mehr! Wenn ich die Botschaft meines Onkels genauer beherzigt hätte, hätte ich wahrscheinlich diese Krankheit gar nicht erst bekommen. Ich weiß, dass Onkel Lou an dem Tag mein Engel war und gesehen hat, was ich brauchte! Zufälligerweise war er in seinem Leben Chiropraktiker gewesen und hatte sich sehr für neue Heilmethoden interessiert.

Eine Extra-Zeit mit Papa

VON TATIA MANAHAN-HEINE

Im Januar 2001 heiratete ich erstmalig. Elf Tage später fand man meinen Vater tot auf. Ich war entsetzt, als ich diese Nachricht hörte, da es meinem Vater auf der Hochzeit gut zu gehen schien. Später fand ich heraus, dass er sich, als ich den Gang zum Altar hinuntergegangen war, zu Freunden umgedreht und gesagt hatte: »Meine Arbeit hier ist getan.« Es war, als ob er wusste, er würde in weniger als zwei Wochen sterben.

Als ich zu meinen Eltern nach Hause flog, weinte ich den ganzen Flug über. Ich weinte so sehr, dass mein Körper sich schüttelte. Da mein Vater nicht viel über Religion und Spiritualität sprach, war ich unsicher, wie und wo er im Himmel war. Ich stellte Gott drei spezifische Fragen: »Ist Papa bei dir?« »Wann genau starb er, zu welcher Uhrzeit?« (der Untersuchungsbeamte stellte fest, dass er irgendwann am Dienstag gestorben war, aber man hatte ihn erst Mittwoch gefunden), und »Ist er glücklich dort, wo er ist?«

Ich erhielt die Antwort auf Vaters eigene präzise Art, als ich im Hause der Eltern ankam. Mein Vater arbeitete für Columbia Gas in Ohio und wusste eine Menge über Heizungssysteme. Daher wusste ich, dass Vater uns seine Anwesenheit spüren lassen wollte, als die Heizung im Hause ausging. Ein Handwerker sagte, dass ein Heizschalter ausgedreht worden war, doch niemand war im Haus gewesen, und es war unwahrscheinlich, dass irgendjemand außer Vater diesen besonderen Schalter kannte.

Ich wollte mich Vater nahe fühlen. Deshalb griff ich ein paar Decken und sagte meiner Mutter, ich würde in Vaters Bett schlafen, während sie und meine Schwester unten schliefen. Doch kaum hatte ich das gesagt, gingen die Lichter aus. Ich nehme an, Vater wollte aus irgendwelchen Gründen nicht, dass ich in seinem Bett schlief!

Daher ging ich in ein anderes Zimmer, und Vater kam zu mir in einem extrem lebendigen Traum. Ich wusste genau, dass er es war – ich *sah ihn*! Er leuchtete. Vater sagte mir, es ginge ihm gut, und ich müsste mir keine Sorgen mehr um ihn zu machen. Er sagte er wäre mit der Familie mütterlicherseits. Ihre zwei verstorbenen Brüder empfingen ihn, und er wiederholte, ich sollte mir keine Sorgen machen. Und dann, als ob ich eine Antwort auf meine Frage an Gott erhalten sollte, um welche Uhrzeit Vater gestorben war, sah ich meinen Vater laufen. Er sah zu einer Uhr und begann zu fallen, und die Uhr zeigte 20.42 Uhr. Dann wurde alles schwarz. Ich nahm das als Zeichen, dass dies die Zeit war, als er auf die andere Seite ging.

Während dieses Traums sah ich genau, was Vater trug. Am nächsten Tag konnte ich dem Direktor des Bestattungsinstitutes sagen, was mein Vater getragen hatte, bevor er uns Vaters Kleidung und persönliche Habe übergab. Ich war nicht überrascht, dass die Kleider, die der Direktor mir übergab, genau die Kleider waren, die ich an meinem Vater in meinem Traumbesuch gesehen hatte.

Vater muss die ganze Familie und auch die Nachbarn besucht haben. Niemand wusste zunächst etwas von meinen Träumen. Sie fingen an zu erwähnen, dass sie Vater in der vorherigen Nacht in ihren Träumen sahen. Meine Mutter – die Vater nicht in einem Traum sah – wollte mir erst nicht glauben, bis ich sie nach ihren beiden Brüdern fragte, die ich mit meinem Vater in der Zwischenwelt sah. Es gab keine andere Möglichkeit, wie ich diese Information hätte sonst erhalten können.

Ich empfinde es als eine solche Gnade, die Gelegenheit zu haben, ein wenig Extra-Zeit mit meinem Vater zu verbringen. Wenn ich ihn vermisse und um ein Zeichen bitte, wird innerhalb von Minuten Vaters Lieblingslied im Radio gespielt, um mich wissen zu lassen, er ist bei mir.

Ein tröstender Erdengel

VON ANONYM

Mein geliebter Neffe starb vor kurzem im Alter von 35 Jahren nach einem langen Kampf an den Folgen eines bösartigen Melanoms (bösartige Geschwulstbildung/Anmerkung der Übersetzerin). Die letzten Monate verbrachte er bei seinen Eltern in Chile, und das Einzige, was ich, seine Patentante, für ihn von meinem Zuhause in England aus tun konnte, war, für ihn zu beten. Ich betete jeden Tag, seine Engel möchten mit ihm sein und ihm Glauben und Kraft schenken und ihm seine Schmerzen erleichtern.

Eines Nachts träumte ich, ich wäre mit meinem Neffen bei einem Familientreffen. Jeder trug weiße Kleider, und obwohl es eine Hochzeitsfeier war, sah jeder traurig und still aus. Ich fand ihn in einem Lehnstuhl sitzend. Er sah sehr schwach und dünn aus. Er war umgeben von einer Gruppe guter Freunde in weißen Gewändern, die sehr vergnügt und glücklich waren, bei ihm zu sein und ihn zu beschützen. Ich wachte mit dem sicheren Gefühl auf, dass ich in meinem Traum seine Engel gesehen hatte.

Als mein Neffe gestorben war, ging ich am Morgen danach in die Kirche, um für ihn zu beten. Als ich die

Kirche verließ, kam ein junger Mann die Straße hinuntergelaufen, der genau wie mein Neffe aussah! Selbst sein Gang und die Art der Kleidung waren wie die meines Neffen. Ich musste stehen bleiben und ihn verwundert anschauen. Der junge Mann lächelte … und sein Lächeln glich ebenfalls dem meines geliebten Neffen. Natürlich war das keine Erscheinung – der junge Mann war eine wirkliche Person –, doch dieses Zusammentreffen und diese Übereinstimmung waren schon sehr verblüffend.

Das Ende der Alpträume

VON CHARLTON ARCHARD

Es war im August 1978 kurz vor Schulbeginn. Meine drei Brüder, zwei Schwestern und ich hatten alle in diesem Sommer neue Fahrräder bekommen. Wir waren alle mit unseren Rädern zu unserem jährlichen Zahnarzttermin gefahren. Meine Schwester Elizabeth war zuerst im und aus dem von uns so gefürchteten Behandlungsstuhl. Sie fuhr die Straße hinauf zum Anwaltsbüro meines Stiefvaters, um ihn zu besuchen, doch er war mit einem Klienten beschäftigt. So beschloss Elizabeth, alleine nach Hause zu radeln. Etwa 2 Kilometer von Zuhause entfernt wurde sie von jemandem angesprochen, zu einem Schuttabladeplatz in den Wäldern geschleppt, vergewaltigt und ermordet. Der Mann, der sie getötet hatte, wurde gefunden, vor Gericht gestellt und zu 18 Jahren Gefängnis verurteilt. Ich brauche wohl nicht zu sagen, wie sehr meine Familie versuchte, über ihre Verzweiflung hinwegzukommen. Ich war 12 Jahre alt zu der Zeit und der Jüngste der Familie.

Ich begann wiederkehrende Alpträume zu haben. Doch eines Nachts besuchte mich Elizabeth in meinen Träumen. Zunächst begann mein Traum in der Nacht wie viele andere: Ich war alleine zu Hause, es war dunkel, und ich hatte Angst. Ich saß auf meinem Bett, als ich Schritte im Haus hörte. Sofort lief ich zum Wandschrank, schlüpfte hinein und schloss die Tür. Ich konnte hören, wie die Schritte lauter wurden und näher kamen. Ich konnte die Person sehen, die kam, um mich zu töten. Die Person betrat mein Zimmer und ging direkt auf die Schranktür zu. Nach einer Weile, die wie eine Ewigkeit erschien, öffnete sich die Tür ganz langsam. Elizabeth stand vor mir mit ausgestreckten Händen. Sie sagte: »Es ist alles in Ordnung, Charlton, du kannst jetzt herauskommen.«

Danach hörten die Alpträume auf. Ich habe meine Schwester all die Jahre in meinem Herzen behalten, und ich habe gerade meine kleine Tochter nach ihr benannt.

Pop Pop, mein wunderbarer Engel

VON JESSICA GRZYBOWSKI

Als junges Mädchen war ich, als ich im Gymnasium war und auf das Abitur hinarbeitete, eine sehr unorganisierte Schülerin. Ich kam in die Schule und dachte: *»Oh nein! Ich muss heute eine Arbeit schreiben, und ich habe noch nicht einmal dafür gelernt!«* Das ging jede Woche so, ich kriegte es einfach nicht auf die Reihe. Die

Lehrer wussten, dass ich die Fähigkeit hatte, mich in der Schule mit meinen Leistungen hervorzutun, und sie hatten mich in einen Leistungskurs aufgenommen, aber ich schaffte es nicht, mich genügend anzustrengen.

Eines Morgens wachte ich vom Klingeln des Telefons auf. Ich wusste sofort, dass etwas mit meinem Großvater, den ich Pop Pop nannte, passiert war. Irgendwie wusste ich, dass er gestorben war. Und tatsächlich, er war gestorben.

Meine Familie fuhr sofort zum Haus meiner Großmutter nach Long Island, New York, zur Totenwache und Beerdigung. Die Gefühle der Trauer waren so stark in unserer großen Familie. Doch es gab einen besonderen Moment, an den ich mich am meisten erinnere.

Meine beiden jüngeren Brüder sprachen mit meiner Großmutter in ihrem Schlafzimmer. Sie gab ihnen etwas von Opas Erinnerungsstücken aus dem Zweiten Weltkrieg als Geschenk, damit sie sich immer an ihn erinnern konnten. Ich war richtig ärgerlich, weil ich mir wünschte, ich hätte auch etwas, was ich nah bei mir tragen könnte, doch ich erhielt nichts.

Wegen der Beerdigung versäumte ich über eine Woche den Schulunterricht, und es war extrem schwierig, den Stoff aufzuholen. Als ich in meinem Zimmer saß und intensiv versuchte, all meine versäumten Aufgaben nachzuholen, brach ich in ein unkontrolliertes Weinen aus. Ich fühlte mich, als würde ich von etwas Schwerem festgenagelt und hatte keine Idee, wie ich da herauskommen sollte. Mein emotionaler Ausbruch dauerte zwei Stunden, bis ich nicht mehr weinen konnte. Ich fühlte mich so verlassen!

In dieser Nacht ging ich schlafen und hatte den unglaublichsten Traum. Ich war mit all meinen Verwandten in Großmutters Haus. Wir saßen im Esszimmer und hatten ein großes Dinner, so wie wir es viele Male vorher hatten. Mein Großvater saß an der Spitze der Tafel und aß seine Lieblingsspeise: Kartoffelbrei. Ich erinnere mich, dass ich ihn ansah, und dann sprach er zu mir. Er sagte: »Es tut mir Leid, mein Liebling, dass ich nichts für dich habe.« Ich sah ihn nur an und hatte das Gefühl, alles wäre in Ordnung.

Nach diesem Erlebnis veränderte sich mein Leben in so vieler Hinsicht. Schulisch gesehen, war ich eine völlig andere Person. Es war, als existierte die alte Version von mir nicht einmal. Ich wurde ausgezeichnet als die »beste Schülerin« des Jahres. In den folgenden zwei Jahren wurde ich der Abschiedsredner meiner Klasse, und ich bestand meine Abschlussprüfung an der High School als eine von 460 Schülern.

Ich verdanke meine Gaben Pop Pop. Sein Besuch war ein wahres Geschenk. Ich habe noch bis heute Träume von ihm. Ich kann seine Nähe spüren, wenn ich meine Verwandten in New York besuche. Er war mein Engel, mein geistiger Führer, der all meine Ängste aus meinem Herzen vertrieb. Ohne diese Angst war ich in der Lage, Wunder zu vollbringen!

Ein klarer und tröstlicher Traumbesuch

VON LYN

Meine Mutter Kathleen war eine wunderbare, außergewöhnlich großzügige Frau, die in den letzten Jahren ihres Lebens viel Leiden ertragen musste. Sie starb am Ende an Krebs, und ich war sehr unglücklich über ihren Tod und all das, was sie hatte durchmachen müssen.

Etwa zwei Nächte nach ihrer Beerdigung hatte ich einen Traum, in dem ich das Telefon klingeln hörte. Ich antwortete, und es war meine Mutter. Ich sprach mit ihr genauso, wie ich es im normalen Leben getan hätte. Ihre Stimme war klar, und ihre Art zu sprechen war genauso, wie sie immer gesprochen hatte.

Meine Mutter fragte mich, wie es mir geht, und ich antwortete schnell und fragte, wie es ihr geht. Sie sagte, ihr ginge es gut. Ich fragte, ob es dort besser wäre, wo sie jetzt wäre. Mit großem Nachdruck sagte sie: »Oh ja, es ist dort viel besser.« Ich sagte, es täte mir Leid, dass ich nicht viel mehr für sie getan hätte, wie ich es gerne gewollt hätte. Sie erwiderte: »Das ist schon in Ordnung«, und als ich versuchte, mehr mit ihr zu sprechen, wurde die Verbindung schwächer und hörte auf.

Fünfzehn Monate sind seit dem Traum vergangen, und er ist mir auch heute noch so klar im Gedächtnis wie damals. Der Traum hat mich doch sehr getröstet.

Von Liebe überschüttet

VON TRACY COCKERTON

Ich hatte einen Traum, in dem ich auf einem Fest oder einer zeremoniellen Feier in Burma war. Die Großmutter meiner Schwiegermutter war da. Sie war eine kleine, dunkle, elegante burmesische Dame in zeremoniellen Gewändern. Ich hatte den Feierlichkeiten zugeschaut, als sie zu mir kam und mir buddhistische Segnungen erteilte.

Da war jemand, eine Frau aus dem Westen, die etwas weiter von mir entfernt saß und in einer ignoranten Art, ohne sich dabei an jemand besonderen zu richten, fragte, was hier denn vor sich gehe. Großmutter Natthamé (sie hatte einen hohen buddhistischen Rang inne) nahm mein Gesicht in ihre Hände und sagte zu mir: »Versuche nicht, es ihnen zu erklären; sie würden es nicht verstehen.« Sie überschüttete mich mit so viel Liebe, dass ich nicht wollte, dass sie geht, als der Traum kurz darauf endete. Ich sagte: »Ich liebe dich, geh nicht fort!«

Am Morgen wachte ich immer noch mit dem überwältigenden Gefühl der Liebe auf, die mir zuteil geworden war. Später sprach ich mit meiner Schwiegermutter, und sie bestätigte meine Beschreibung ihrer Großmutter, die ich nie im Leben getroffen hatte. Sie sagte mir auch, dass sie zu ihr gebetet und sie gebeten hätte, nach mir zu schauen.

Die Bedeutung von Großmutters Botschaft war klar. Ich habe in den letzten Jahren Reiki, Feng Shui und Prana-Heilen gelernt, etwas, was meine Eltern nicht verstehen. Ich hatte versucht, ihnen die Wichtigkeit dieser neuen Interessen zu erklären und ihnen klar zu machen, dass die Beschäftigung damit kein Hokuspokus und keine Spinnerei ist, doch ich konnte es nicht. »Versuche es nicht,« hatte Großmutter gesagt. Bis auf den heutigen Tag habe ich nichts gesagt, und meine Eltern haben nicht gefragt. Vielleicht werden sie eines Tages verstehen.

5. KAPITEL

Geheimnisvolle Fremde

Alecs Schutzengel

VON DIANE BRIDGES

Als mein Sohn Alec zwei Jahre alt war, ließen wir ein paar Arbeiten an unserem Haus vornehmen. Die Arbeiter fragten mich, ob ich den Berg hinunter zu Duke's (das war eine altmodische Imbissbude, die Hamburger verkaufte) fahren und ihnen Hamburger besorgen könnte. Ich nahm das neue Auto meines Mannes, das ich nicht gewohnt war zu fahren. Es hatte ein Steuerpult zwischen den Sitzen. Alec kam mit mir. Als wir bei Duke's ankamen, ließ ich Alec in seinem Autositz, schloss die Tür ab und lief etwa drei Meter zur Imbissbude, um die Hamburger zu bestellen.

Plötzlich sah ich, wie Alec sich vorbeugte und den Schalthebel aus der Position »Parken« löste. Das Auto fing an, nach rückwärts zu rollen, da Duke's an einem Hang lag. Ich rannte zum Auto und versuchte, die Tür aufzuschließen, konnte das Auto aber nicht zum Halten bringen. All diese Geschichten, die man hört, in denen Mütter aufgrund eines Adrenalinstoßes in der Lage sind, Felsblöcke und Bäume hochzuheben, trafen auf mich nicht zu. Ich konnte das Auto nicht zum Halten bringen, und inzwischen war es auf den Pacific Coast Highway gerollt.

Ich war völlig außer mir, rannte aber immer noch neben dem Auto her und versuchte, die Tür aufzuschließen. Plötzlich hielt das Auto mit einem Ruck. Ich blickte auf und sah einen Mann, der das Auto von hinten festhielt. Er sagte mir, ich solle das Auto aufschließen, einsteigen und den Wagen starten. Ich machte, was er sagte, setzte zurück auf den Parkstreifen, hielt das Auto sofort an, um auszusteigen und ihm zu danken, doch er war gegangen. Ich habe weder gesehen, woher er kam, noch wohin er ging.

Von einer Last befreit

VON JAMIE GULLO

Meine Mutter war Busfahrerin, die behinderte Vorschulkinder transportierte. Doch aus verschiedenen Gründen war sie mit ihrer Arbeit nicht zufrieden. Eines Tages war sie deprimiert und weinte, und ein kleiner alter Mann kam zu ihr an die Bustür und sagte, alles werde gut werden. Er sagte ihr auch, sie wäre sehr schön. Dann ging er.

Sie wuste nicht, wohin er ging, aber sie fühlte sich besser, als hätte man ihr eine schwere Last von den Schultern genommen. Den Rest des Tages war sie in guter Stimmung. Sie hatte diesen Mann nie zuvor an ihrer Schule gesehen, und sie sah ihn auch niemals wieder.

Doch seine Prophezeiung, alles werde gut werden, erfüllte sich! Am darauf folgenden Freitag wurde meiner Mutter eine bessere Arbeit in einer Kindertagesstätte angeboten. Ihr neuer Chef bot ihr sogar an, ihr dabei zu helfen, selbst eine Kindertagesstätte zu eröffnen, etwas, was sie immer gerne tun wollte. Ich glaube, dass meine Mutter von ihrem Schutzengel besucht wurde. Meine Mutter liebt ihre Arbeit und wird dieses Erlebnis nie vergessen.

Himmlische Kraft

VON KAY H.

Ich war unterwegs von Arizona nach Idaho mit zwei riesigen Ryder Trucks voll geladen mit Waren. Erst sechs Wochen zuvor hatte ich mit Kaiserschnitt ein Baby geboren. Joey, eine Freundin, bot mir an, mir zu helfen, einen der Laster zu fahren. Wir öffneten die rückwärtige Tür des einen Lasters in Nevada, und ein Gerät zur Wasserenthärtung fiel aus der Tür auf den Boden. Es hatte zwei große, starke Männer gebraucht, um dieses Gerät am Tag zuvor in den Laster zu bringen, und sie hatten geschnauft und gekeucht dabei. Offensichtlich war das Filtersystem voller Wasser, und sie konnten es nicht vollständig leeren.

Die Chance war sehr gering, dass meine Freundin und ich das Gerät hochheben konnten, um es zurück in den Laster zu bringen. Wir versuchten es, aber wir konnten es nicht einmal von der Stelle bewegen.

Deshalb sagte ich: »Joey, lass uns beten. Der HERR sagt, dass wir IHN bitten sollen, wenn wir etwas möchten, also lass uns beten.« Sie sagte: »Du hast Recht.« Wir beteten also, liefen um die Laster herum, um die restliche Ware zu sichern, und gingen wieder auf die Rückseite des Ryder Truck.

Aus meinen Augenwinkeln sah ich einen jungen Mann, der hinter einem Schutthaufen hervorkam, etwa 10 Meter entfernt. Zuerst erschreckte mich sein plötzliches Erscheinen, und ich dachte: *»Was, wenn er ein Verrückter ist?«* und *»Warum hat er sich dort hinten versteckt?«* Doch plötzlich kam ein großer Frieden über mich, und etwas sagte mir, dass ich mich vor ihm nicht zu fürchten brauchte.

Der Mann lief zielstrebig mit seinem Kopf nach unten gebeugt. Er war unter 1,80 Meter groß und von durchschnittlicher Figur, mit nicht besonders muskulösen Armen. Er hatte helles Haar und angenehme, weiche Gesichtszüge. Er trug eine Einkaufstasche, die leicht zu sein schien, so als wäre sie mit Zeitungen voll gestopft. Ich war überrascht, dass er ein kurzärmeliges Hemd ohne Jacke trug, denn es war sehr kühl.

Er kam direkt auf Joey und mich zu und fragte: »Brauchen Sie Hilfe?« Ich dachte, *»es ist unmöglich, dass dieser schmächtige Bursche das Wasserenthärter-Gerät auf den Laster heben kann, wozu es gestern zwei kräftige Kerle gebraucht hat.«*

Voller Skepsis sagte ich, »Das hier ist herausgefallen, und wir versuchen es wieder aufzuladen.«

Er fragte: »Möchten Sie es wieder dorthin zurück haben?« Er schien um die Genehmigung zu bitten, das Gerät in den Laster zu heben. Ich dachte: *»Genau das, es ist genau das, was ich gerade sagte, aber Sie werden nicht in der Lage sein, das zu tun. Sie sind nicht stark genug.«* Und laut sagte ich: »Ja«, während ich mich nach einem weiteren Mann umsah – oder noch besser, nach zwei Männern – die vielleicht in der Nähe waren, ihm dabei zu helfen, das Gerät in den Laster zu heben. Doch da war niemand in der Nähe.

Ohne ein weiteres Wort beugte er sich über den Wasserenthärter, hiefte ihn ohne einen einzigen Laut hoch, als würde er ein großes Sofakissen hochheben, und setzte ihn mühelos in den Laster, ohne auf der Rückseite des Lasters mit der Last in seinen Armen hochzusteigen – ganz aus eigener Kraft. Joey und ich standen da mit vor Staunen offenem Mund. Ich brachte es noch fertig, danke schön zu sagen.

Ich dachte: *»Ich sollte diesem Mann Geld anbieten«*, wie ich es immer mache, wenn mir jemand hilft. Ich drehte mich nach ihm um, aber er war gegangen. Ich lief ganz schnell um den Laster herum, um zu sehen, ob ich ihn entdecken konnte, um ihm etwas anzubieten, denn niemand kann so schnell laufen. Das Einzige, was ihn hätte verstecken können, war der Schutthaufen, da er in Richtung eines großen Parkplatzes gegangen war, ein Platz so groß wie ein Fußballfeld, mit wenigen Autos darauf. Doch es war, als wenn er sich in Luft aufgelöst hätte!

Ich dachte: *»Vielleicht haben wir den Wasserenthärter nicht in der richtigen Position gehabt, oder irgendetwas lag im Weg, oder er steckte in einem Schlagloch.«* Um zu sehen, ob ich das Wasserenthärter-Gerät wenigstens ein paar Zentimeter bewegen konnte, kletterte ich in den Laster und probierte es. Denn wenn ein Mann von durchschnittlicher Größe es so mühelos heben konnte, dann konnte ich es doch bestimmt ein bisschen bewegen. Doch ich konnte es nicht einmal einen Zentimeter bewegen oder in eine andere Position rücken! Es war wie eine harte, feste Masse, die auf dem Boden des Lasters festzementiert zu sein schien. Sogar Joey und ich konnten es auch nur einen Zentimeter verrücken.

Joey und ich sahen uns an, und sie sagte: »Lass uns sehen, dass wir hier fortkommen.« Es brauchte eine Weile, bis wir akzeptierten, was wir gesehen hatten, und wir sprachen noch mehrmals während der Fahrt darüber und bemerkten, wie zuverlässig Gott zu SEINEN Kindern war. Ich habe mich noch fünf Jahre über dieses Erlebnis gewundert, eigentlich bis zum heutigen Tag. Ich sage immer noch »Wow!«

Der Engel im Lager

VON DANIEL R. PERSON

Es war im Covenant Pines Christian Camp in McGregor in Minnesota im Familiencamp mit meinen Eltern, meinem Bruder und meiner Schwester. Jeden Morgen hatten wir einen obligatorischen Gottesdienst. Ich war etwa sieben Jahre alt und war mehr daran interessiert zu spielen, als in die Kirche zu gehen. Deshalb sagte ich zu meiner Mutter, ich wäre krank und ich könnte nicht mitkommen. Als sie gegangen waren, ging ich zum See schwimmen.

Ich war ein schlechter Schwimmer, und es war mir nicht erlaubt, ins tiefe Wasser zu gehen. Ich dachte, dass dies meine Chance wäre, unterquerte das H-förmige Schwimmdock und gelangte ins tiefe Wasser. Nach etwa einer Minute dort schluckte ich etwas Wasser und fing an, mit den Armen zu schlagen. Ich kämpfte eine Weile und ging dann unter. Ich sah hoch und sah das Licht durch das Wasser. Ich hörte auf zu kämpfen und hob meine Arme hoch übers Wasser, da ich still wurde und zu sinken begann.

Gerade als meine Hände untergehen wollten, schnellte ich in die Höhe auf das Schwimmdock. Ich war auf meinen Knien und übergab mich zu Füßen eines Mannes. Ich blickte hoch, und er fragte, ob alles in Ordnung sei. Ich sagte, ja, und er drehte sich um und ging fort. Ich kroch vom Dock herunter und blieb eine Weile am Strand. Als ich mich besser fühlte, lief ich zurück zu meiner Hütte.

Ich schlief den ganzen übrigen Tag und beim Abendessen suchte ich nach diesem Mann. Es waren nur etwa 70 Leute dort. Ich verbrachte das restliche Wochenende damit, ihn zu suchen. Er war nicht da. Das Camp lag mitten im Nirgendwo. Warum also sollte er da gewesen sein, wenn nicht, um im Camp zu sein (oder um mein Leben zu retten!)

William White

VON ELIZABETH ALLMANDINGER

In den 80er Jahren war ich mit einem Mann verheiratet, der mich körperlich missbrauchte. Wir arbeiteten beide in demselben Restaurant. Ich war Kellnerin, und er war Pikkolo. Er sagte beleidigende Dinge im Beisein meiner Kollegen zu mir, und einmal kam ich mit einem blauen Auge zur Arbeit, das ich dick mit Make-up übermalt hatte.

Eines Tages kamen ein Mann und eine Frau ins Restaurant, die ich nie zuvor gesehen hatte. Der Mann fing an, Dinge über mich zu erfragen, und dann sagte er, ich wäre etwas Besonderes. Doch ich glaubte zu der Zeit nicht, dass das zutraf, denn mein Exmann hatte mir immer etwas anderes erzählt und mein Vater auch.

Er fragte mich, was ich dächte, was wohl meine Aufgabe in meinem Leben wäre. Ohne nachzudenken, antwortete ich: »Nun, ich bin Gottes Helfer.« Der Mann sagte, dass nicht viele Menschen dies über sich wüssten. Er fragte mich, wie ich glaubte, Leuten zu helfen? Ich sagte ihm, dass ich Leute umarmte und dass ich fühlen könnte, was in ihnen vorginge.

Er sagte mir, dass ich Recht damit hätte, wie ich fühlte, und ich sollte die Frau, die mit ihm wäre (seine Schwester) umarmen und ihnen sagen, was ich fühlte. Ich umarmte sie und sagte ihr, ich fühlte, dass sie nicht glücklich wäre, und dass sie in einer Veränderung begriffen wäre, bei der sie sich nicht so recht wohl zumute wäre. Die Frau bestätigte, dass sich in ihrem Leben etwas änderte, dass sie nicht sicher wäre, ob es der richtige Zeitpunkt wäre, dies zu tun und dass sie darüber nicht wirklich glücklich wäre. Ich konnte es nicht glauben, dass ich mit meiner Aussage so richtig lag!

William sagte mir, er fühlte, ich wäre eine Heilerin. Das hatte man mir schon zweimal vorher gesagt, doch ich dachte, ich wäre nicht gut genug, um Gottes Helfer zu sein. Diese beiden Leute kannten mich überhaupt nicht, und der Mann schien Dinge über mich und mein Leben zu kennen, von denen sonst niemand etwas wusste. Er sagte mir, dass ich nicht mehr lange mit meinem Ehemann zusammen sein würde, was ich zu der Zeit nicht glaubte. Ich glaubte wirklich, dass die Ehe eine Verpflichtung bedeutet »bis dass der der Tod uns scheidet«.

Der Mann fragte mich dann, ob ich seine Telefonnummer wollte, und ich sagte: »Ja.« Das seltsame an der Sache war, dass in dem Restaurant, in dem ich arbeitete, zu der Zeit seines Besuches Hochbetrieb herrschte. Doch die einzigen Leute, die in meiner Station saßen, waren der Mann und seine Schwester. Das gab mir die Möglichkeit, mit ihnen zu sprechen.

Ich schlug ein freies Blatt in meinem Adressbuch auf, und er schrieb »William White, 758–6055.« Dann sagte er: »Schauen Sie sich meinen Namen an. Sehen Sie einmal, er sagt darin ›Will I AM!« William bat mich, ihn anzurufen, damit ich mich einer Gruppe von Helfern und Heilern anschließen könnte.

Ein paar Tage später rief ich diese Nummer an. Alles, was ich hörte, war eine aufgezeichnete Botschaft, die sagte, die Nummer wäre geändert worden und es gäbe keine neue.

Schließlich ließen mein Mann und ich uns scheiden, so wie William es vorhergesagt hatte. Ich bin jetzt so weit, meinem Vater wie auch meinem Exmann zu vergeben, dass sie mich missbraucht haben.

Ich habe seit damals immer nach William White gesucht, doch ohne Erfolg. Ich bin ehrlich überzeugt, dass er ein Engel in Menschengestalt war, der versuchte, mich auf den Weg des Friedens zurückzuführen.

Ein rettender Engel

VON DAVID GUIRON

Vor sechs Jahren sah ich sah einen Engel in Jacksonville in Florida, als ich als Mechaniker für eine Wasserenthärtungs-Gesellschaft arbeitete. Es war gegen 16 oder 17 Uhr. Ich hatte mich in einer abgelegenen Gegend verfahren und suchte nach der Adresse meines nächsten Kunden.

Ich fuhr von der Straße ab und blieb in Matsch und weichem Rasen stecken. Ich betete um Hilfe. Nach etwa 20 Minuten fuhr ein älterer Mann in einem Laster zu mir herüber und bot mir seine Hilfe an. Er half mir meinen Lieferwagen aus dem Matsch und Gras zu ziehen, und ich dankte ihm. Dann fuhr er den Weg, den er gekommen war, zurück. Ich fuhr hinter ihm her, denn ich musste eine Gegend finden, wo ich abbiegen konnte. Dann sah ich, wie sein Laster schneller fuhr und sich in Luft auflöste. Ich weiß, das war ein Engel, der kam, um mir zu helfen.

6. KAPITEL

Engelzeichen, Lichter und Wolken

Ein Engel steigt von den Wolken herab

VON SUSAN MOORE

Meine Großmutter lag wegen einer großen Herzoperation im Krankenhaus. Ihre Überlebenschance war 50 zu 50. Nach der Operation wachte sie nicht mehr aus der Narkose auf und lag zwei Wochen im Koma. Ich wohnte ungefähr eineinhalb Stunden von der Klinik entfernt und besuchte sie alle zwei Tage mit meiner Mutter. An einem bestimmten Tag jedoch wollte ich die lange Fahrt zum Krankenhaus nicht machen und blieb zu Hause. Ich war außer mir, als ich erfuhr, dass Großmutter am folgenden Tag um fünf Uhr in der Frühe starb. Das machte mir wirklich viel aus, weil ich sie nicht noch einmal gesehen hatte.

An dem Abend ging ich im Dunkeln in die Küche und sah zur Hintertür hinaus. Ich sagte laut: »Warum hast du mich verlassen? Ich habe dir nicht einmal auf Wiedersehen sagen und dir einen letzten Kuss geben können!« Ich fing wieder an zu weinen – dann erweckte etwas meine Aufmerksamkeit.

Ich sah eine trichterförmige Wolke vom Himmel herunterkommen. Es sah fast wie ein Tornado aus, der sich auf mich zubewegte. Dann nahm diese trichterförmige Wolke Gestalt an, und ich stand wie hypnotisiert da. Die Wolke verwandelte sich in eine wunderschöne Frau! Sie hatte langes weißes Haar und trug ein langes weißes Kleid, mit einer Art Schärpe um ihre Taille. Dann streckte sie ihre Arme aus und schwebte auf mich zu. Sie schwebte etwa 2 Meter über dem Boden. Wenn sie ihre Arme hob, dann hingen ihre langen Ärmel herunter und wehten im Wind. Als sie etwa 1 Meter über dem Boden vor mir war, rannte ich! Ich hatte panische Angst, darum rannte ich zu meinem Mann, um ihn zu holen und ihm dies zu zeigen. Ich wusste, niemand würde mir das glauben. Deshalb wollte ich, dass er Zeuge dieser unglaublichen Erscheinung wird.

Als ich endlich mit ihm zurückkam, war sie gegangen. Das Einzige, was übrig geblieben war, war dicker Nebel, der etwa einen halben Meter über dem Boden lag. Dann sahen wir zu den Häusern unserer Nachbarn hinüber. Wir waren die Einzigen, die Nebel im Hof hatten. Ich bin fest davon überzeugt, dass dies ein Engel war, der gekommen war, um mich wissen zu lassen, dass es meiner Großmutter gut geht und dass sie nun an einem besseren Ort ist. Ich frage mich oft, was wohl passiert wäre, wenn ich stehen geblieben wäre, um den Engel zu sehen, anstatt davonzurennen. Fünf Jahre sind vergangen, seit das passiert ist, und ich kann die Vision immer noch vor mir sehen, als wäre es gestern gewesen.

Blitze von Engelslichtern

VON GRETCHEN MAHON

Ich hatte gerade Doreen's Buch Engelsvisionen (Angel Visions) zu Ende gelesen. Ich versuchte einige der Anleitungen zu befolgen, um meine eigenen Engel zu sehen, doch ohne Erfolg. Ich muss zugeben, dass ich meine Zweifel hatte, und das war wahrscheinlich der Grund, weshalb ich kein Glück hatte.

Kurz darauf sprach ich mit meinem sieben Jahre alten Sohn Thomas darüber, dass er kürzlich auf so wunderbare Weise von einer Krankheit genesen war. Ich sagte zu Thomas, dass er einen Schutzengel gehabt haben müsste, der dafür gesorgt hätte, dass es ihm wieder gut ginge. Ich fuhr fort, dass ich dächte, dass sein Schutzengel sein verstorbener Großvater Thomas wäre, nach dem er genannt worden sei. Großvater Tom starb sieben Jahre bevor er geboren wurde, doch Thoma's Vater erzählte ihm oft, wie Großvater Tom vom Himmel auf uns alle herab sah.

Plötzlich starrte Thomas in den Raum und sagte, er habe einen Lichtblitz in der einen Ecke und dann in der anderen gesehen. Ich sah nichts. Er aber starrte völlig gebannt weiter in den Raum. Er sagte, er habe einen weiteren Lichtblitz gesehen, wie eine große Hand, die in die Luft griff. Wieder sah ich nichts. Das wiederholte sich ein drittes Mal, wieder sagte er, er habe ein Licht gesehen.

Dieses Mal bekam ich eine Gänsehaut und konnte mein Herz klopfen hören. Ich hatte niemals über irgendetwas, was ich in Doreens Buch gelesen hatte, mit Thomas gesprochen. Er wusste also nicht, dass

Engel manchmal als Lichtblitze erscheinen. Ich hätte es selbst bis vor kurzem nicht gewusst, wenn ich nicht das Buch gelesen hätte. Ich bin überzeugt, dass diese Lichtblitze, die mein kleiner Sohn sah, Zeichen von seinem Schutzengel, von seinem Großvater Tom waren. Ich weiß nicht, wieso ich das weiß. Ich fühlte es nur, als er sagte, er sähe die Lichter. Es war, als wollte mein verstorbener Schwiegervater uns sagen: »Ja, ich bin euer Schutzengel, und ich möchte, dass ihr wisst, dass ich da bin.« Ich werde dieses Erlebnis niemals vergessen, solange ich lebe.

Wohlbehalten und gesund

VON SUZANNE CHANEY

Mein Mann und ich fuhren in einem kleinen Mietauto von Kentucky nach New York City. Der erste Teil der Reise war angenehm und landschaftlich sehr schön. Doch als wir uns den Höhen der Appalachen näherten, wurde der Himmel immer dunkler und bedrohlicher. Bald schon gerieten wir auf glatten Straßen in dicken Schnee. Wir fuhren im Schritttempo, doch andauernd brausten riesige Sattelschlepper an uns vorbei, und der Wind, den sie verursachten, drückte uns über die ganze Straße. An den Straßenrändern standen Halteverbotsschilder, deshalb fuhren wir so gut es ging weiter. Wir hatten unglaubliche Angst.

In dem Moment betete ich zu Gott und bat ihn, Engel zu senden, die uns auf unserer Reise beistehen, die Fahrt unter einen guten Stern stellen und uns vor Gefahren schützen. Nachdem ich das Gebet gesprochen hatte, blickte ich aus meinem Fenster in die Sturmwolken.

Mitten in dem dunklen, bedrohlichen Himmel war eine helle weiße Wolke in der Form eines Engelsgesichts. Sie hatte auch leuchtende, lumineszierende Flügel. Die Sonne schaute über die Ränder dieser Wolke und ließ sie hell erscheinen mit blitzenden Lichtstrahlen, die aus den Rändern herausschossen. Meine Augen füllten sich mit Tränen, und ich wusste, dass mein Gebet erhört worden war.

Wir fuhren noch zwei weitere Stunden auf den schneeglatten Straßen, doch es war eine ganz andere Sache. Der Wind, den die Sattelschlepper erzeugten, schien unser Auto nicht mehr zu beeinträchtigen. Während dieser zwei Stunden erblickte ich immer noch flüchtig Engel in den Wolken, aber nicht mehr eine so strahlende Form wie im ersten Moment nach meinem Gebet.

Die Wolken schienen ein Zeichen der Engel zu sein, die sagten: »Wir sind noch bei euch.« Die Angst wich aus meinem Herzen. Ein paar Stunden später erreichten wir wohlbehalten New York, und trotz der mörderischen Fahrt fühlte ich mich frisch und leicht. Alles in der Welt war in Ordnung für mich. Was für ein wunderbares Geschenk hatten wir erhalten!

Ein Licht, das den Weg zeigt

VON DORENE GRAHAM

Ich habe immer an Engel geglaubt. Ich weiß, dass sie von Anfang an Teil meines Lebens gewesen sind. Daher war es nichts Ungewöhnliches für mich, sie an jenem düsteren Morgen um Hilfe zu rufen, als der Hurrikan Opal als tropischer Sturm durch Atlanta fegte. Opal riss den Firstbalken von unserem Dach herunter und legte in unserem Haus für drei Tage den Strom lahm.

Irgendwann in der Nacht hatten wir keinen Strom mehr, und Jessie, meine achtjährige Tochter, kam herunter in mein Schlafzimmer und weckte mich in der Dunkelheit vor dem Morgengrauen auf. Sie hatte Angst. Ich versuchte sie zu beruhigen und wollte ihr anbieten, in mein Bett zu kommen. Doch es war kein so breites Bett, und ich lag bereits mit ihren beiden Schwestern darin, die sich an mich kuschelten. Es war kein Platz mehr da, deshalb ermunterte ich sie, wieder in ihr Bett zu gehen. Schuldgefühle lasteten schwer auf meinem Herzen, als sie die Treppe hinaufging.

Ich wollte sofort hinter ihr hergehen, aber ich konnte mich nicht rühren. Ich war so extrem müde und trotzdem wach. Erregt darüber, dass ich nicht zu ihr gehen konnte, sprach ich ein schnelles Gebet und bat die Engel, über sie zu wachen und ihr die Furcht zu nehmen.

Innerhalb von Minuten schien ein Licht ins Treppenhaus. Es wurde größer, und es leuchtete. Erleichterung durchströmte mich. Ich dachte, mein Mann wäre erwacht und hätte die Öllampe entzündet und ginge die Treppe herunter. Ich rief nach ihm, um ihn zu Jessie zu schicken. Das Licht leuchtete heller, dann schien es aufzuhören, sich zu bewegen. Es leuchtete durch das Treppenhaus etwa eine Sekunde oder zwei, wurde dann blasser und verschwand.

Ich war wieder im Dunkeln und realisierte, dass die

Öllampe nicht auf diese Weise verschwunden wäre. Sie hätte sich fortbewegt. Außerdem war das Haus extrem ruhig – keine raschelnden Bewegungen, kein Knarren von Treppenstufen durchbrach diese Stille. Der Verdacht stieg in mir hoch, dass es nicht mein Mann mit seiner Lampe gewesen war. Ich realisierte, dass ein Engel mein Gebet erhört hatte.

Am nächsten Morgen fragte ich Jessie nach dem Licht. Ihre Augen wurden groß, und sie nickte und sagte, dass sie einen Engel gesehen hätte, obwohl sie sich zu der Zeit irgendwie benommen fühlte. Ich glaube, sie war von Ehrfurcht ergriffen und war sich nicht ganz sicher, wie sie das deuten sollte. Es war fast so, als wenn ich ihr half, sich an einen Traum zu erinnern. Leider konnte sie sich nicht mehr daran erinnern, als ich sie später danach fragte.

Als mein Mann wach wurde, fragte ich ihn, und er versicherte mir, dass er nicht früher aufgestanden war. Unsere Elektrizität funktionierte erst drei Tage später wieder. Was sonst sollte das Licht gewesen sein? Ich weiß in meinem Herzen, dass ich das Licht eines Engels sah.

»Vielen Dank, Raphael!«

VON SUE BARRIE

Ich bin 47 Jahre alt und Mutter von drei Jungen, und ich habe gerade die drei schlimmsten Jahre meines Lebens hinter mich gebracht! Ich bin fest davon überzeugt, dass ich von den Engeln, die mich umgeben, geführt, getragen, getröstet und geheilt worden bin.

Vor drei Jahren ließen sich mein Mann und ich scheiden, und meine zwei ältesten Söhne zogen aus. Während dieser schwierigen, belastenden Zeit wandte ich mich mehr und mehr spiritueller Hilfe zu. Ich hatte immer daran geglaubt, dass wir alle Schutzengel haben. Bei zwei Gelegenheiten fühlte ich, als ich dachte, ich könnte das alles nicht mehr ertragen, eine Hand, die sanft meine Wange streichelte und ein anderes Mal, wie jemand mir sanft meinen Kopf tätschelte.

Einige Monate später entdeckte ich einen Knoten in meiner Brust. Ich wusste instinktiv, dass es Krebs ist, doch aus irgendeinem Grund blieb ich ruhig und wusste, dass ich ihn besiegen würde. Ich betete jede Nacht zu meinen Engeln und bat sie um Heilung, und jeden Tag wachte ich mit innerer Zuversicht auf.

Meine Operation ging gut. Nach einer Mastektomie kam ich zwei Tage später nach Hause. Ich brauchte kaum Schmerztabletten, da ich regelmäßig zum Erzengel Raphael betete und bei zwei Gelegenheiten besucht und getröstet wurde.

In der ersten Nacht wachte ich auf und fühlte mich unwohl, ein wenig allein und bedauerte mich selbst. Doch dann, als ich mich bewegte, fühlte ich deutlich Arme, die den oberen Teil meiner Beine umschlangen, so als ob jemand mich fest umarmt hielt, um mich zu trösten. Ich schlief sofort wieder ein.

In der folgenden Nacht hatte ich Probleme, eine bequeme Schlafposition zu finden. Ich hatte gerade mein Gebet mit Bitte um Heilung beendet, als ich einen ausgeprägten Geruch nach Kokosnussöl wahrnahm! Dann hörte ich eine Art Schlurfen in meinem Zimmer in einer Ecke rechts von mir.

Ich drehte mich auf meinen Rücken und bekam gleichzeitig einen furchtbaren Schrecken. Hoch über mir an der Zimmerdecke waren Dutzende von winzigen funkelnden Lichtern, fast wie Miniaturglühwürmchen. Sie blinkten und leuchteten! Ich war von Ehrfurcht ergriffen und fühlte mich in Hochstimmung versetzt, da ich in dem Augenblick wusste, dass ich von meinen Engeln besucht worden war und die Heilung sowohl geistig als auch körperlich für mich begann!

Ich fühle mich so voller Liebe und Freude in diesen Tagen, und ich sehe in allem die Schönheit. Das hat mich so berührt und bewegt, dass ich jedem, dem ich kann, von dieser wunderbaren Kraft und Liebe erzähle! Meine Biopsie zeigt, dass ich keinen Krebs mehr habe, und ich bin überglücklich.

Heilende Engelslichter

VON NANCY C. BADGER

Letztes Jahr wurde mein Mann nach einer Nervenquetschung, die er sich am Rücken zugezogen hatte, extrem krank. Wir riefen vier Tage immer wieder den Arzt an und berichteten ihm die Symptome und wurden jedes Mal von ihm damit vertröstet, mein Mann hätte wahrscheinlich »die Grippe«. Nun, langer Rede kurzer Sinn, mein Mann ist heute gelähmt und kann nicht laufen. Er kann ohne Hilfe kein Wasser lassen oder Stuhlgang haben. Durch die epidermale Nervenblockade war das Bakterium Staphylococcus aureus in den Wirbelkanal gelangt und hatte zu spinalen Abzessen und zu Meningitis geführt.

Ich habe zu Gott und den Engeln gebetet und gebeten, über unsere Familie zu wachen: *Helft uns, in unseren Herzen die Liebe, die Kraft und den Mut zu finden, die wir als Familie brauchen, um diese schwere Zeit in unserem Leben zu ertragen.*

Am nächsten Abend sah ich diese Gebete bestätigt. Ich wurde gegen drei Uhr morgens wach. Neben unserem Bett war der Umriss einer Person. Durch unser Zimmer schwebten Dutzende von kleinen weißen flimmernden Lichtern, so klar und hell wie die Lichter an einem Weihnachtsbaum. Ich lag ganz still und beobachtete diese herrlichen Lichter, während Spasmen durch das Becken meines Mannes gingen. Ich wusste, dass die Engel gekommen waren, um uns zu helfen. Ich finde es tröstlich, dass Gott und Seine Engel unsere Gebete erhören.

Ein Zeichen von Onkel Frank

VON ANGIE CHISTE

Mein Onkel Frank starb 1984, und mein Sohn wurde 1991 geboren. Mein Sohn war lange Zeit von meinem verstorbenen Onkel fasziniert. Als er etwa vier Jahre alt war, erzählte er mir, Onkel Frank würde auf dem Spielplatz in seiner Tagesstätte zu ihm kommen und ihn auf der Schaukel anstoßen oder mit ihm sprechen.

Ich entschloss mich, einen kleinen Test mit meinem Sohn zu machen. Er hatte nie ein Bild von meinem Onkel Frank gesehen. Ich zeigte ihm zunächst Bilder von all meinen anderen Onkeln. Dann zeigte ich ihm ein Bild von Onkel Frank, und mein Sohn wusste genau, wer er war! Ich dachte, er muss auf irgendeine Weise in einer besonderen Verbindung mit ihm stehen.

Als mein Sohn in die erste Klasse kam, fuhren wir jeden Tag auf dem Weg zur Schule und von der Schule am Friedhof vorbei. Er stellte mir Fragen über Onkel Frank, und eines Tages sagte er mir, er würde gerne sein Grab besuchen. Ich fragte meine Mutter, wo er begraben sei. Sie konnte mir nur den Namen einer bestimmten Friedhofsecke geben.

An einem Tag dann holte ich meinen Sohn von der Schule ab, und wir fuhren zum Friedhof. Wir liefen zwischen den Grabsteinen herum und suchten meinen Onkel. Es war ein kühler Herbsttag, und es war sehr ruhig. Nachdem wir etwa 45 Minuten gesucht hatten, begann mein Sohn zu quengeln. Er bekam Hunger. Ich fing an, meine Geduld zu verlieren. Wir wurden beide müde und griesgrämig. Schließlich blickte ich zum Himmel und sagte: »Es tut mir Leid, Onkel Frank, ich kann dich heute nicht finden. Wir kommen an einem anderen Tag wieder.«

Genau in dem Augenblick wirbelte ein heftiger Windstoß die Blätter hinter mir herum, so dass ich mich umdrehte. In dem Moment, in dem ich mich umdrehte, hörte der Wind auf. Ich schaute zu Boden, und siehe da, da war das Grab meines Onkels Frank. Genau vor meinen Füßen!

Ein Anruf von meinem Engel

VON SUZANNE GOODNOUGH

Mein Mann und ich nahmen an Doreens Seminar auf der »Whole Life Expo« in Chicago im Oktober 1999 teil. Zu irgendeinem Zeitpunkt während des Seminars führte Doreen alle Teilnehmer durch eine Meditation, bei der wir den Schutzengel zu unserer Linken nach seinem oder ihrem Namen fragten. Dann machten wir dasselbe mit dem Schutzengel zu unserer Rechten. Doreen sagte uns, wir sollten über das, was wir hörten, kein Urteil fällen und nicht unser Ego ins Spiel bringen.

Doreen sagte uns, dass wir, wenn wir nicht glaubten, was wir hörten, diesen bestimmten Engel um ein Zeichen der Richtigkeit bitten und dann abwarten sollten, was passiert. Nach dem Seminar fragte ich meinen Mann, ob er irgendeinen Namen bekommen hätte. Er antwortete: »Ja, die Namen Michael und Philip. Hast du irgendwelche Namen gehört?« »Ja«, erwiderte ich. »Der Engel zur Rechten sagte, sein Name sei Grace.« Ich liebte den Namen – er war so spirituell und passend für einen Engel, dass ich ihn nicht anzweifelte. Doch der Engel zu meiner Linken sagte, sein Name sei Maurice. Ich sagte zu mir selbst: *»Maurice! Was für ein alberner Name für einen Engel!«* Er ließ mich an Maurice Gibb von den Bee Gees denken, und ich stellte mir einen *Saturday Night Fever* Disco-Engel in weißem Anzug in stroboskopischem Licht und mit all dem Kram vor. Ich dachte: *»Das kann nicht sein! Ich will keinen Disco-Engel!«*

An diesem Abend bat ich während meines Abendgebets und meiner Meditation die Engel um ein Zeichen. Ich sagte: »Bitte gebt mir ein Zeichen, nur damit ich weiß, dass ich den Namen Maurice nicht erfunden habe.« Am nächsten Morgen klingelte um 8 Uhr das Telefon. Wir schliefen noch, deshalb ging ich nicht ans Telefon, und der Anrufbeantworter nahm die Nachricht auf.

Als ich die Nachricht abspielte, sagte eine männliche Stimme: »Ich möchte gerne mit Suzanne Goodnough sprechen. Mein Name ist Maurice. Wenn Sie diese Nummer wählen und nach dieser Durchwahl fragen, kann ich Ihnen bei Ihrem Problem helfen und es in zwei Minuten klären. Ich freue mich, von Ihnen zu hören.« Ich speicherte die Nachricht, so dass mein Mann sie auch hören konnte.

Ich sagte zu meinem Mann: »Bei all diesen Männernamen, kannst du es fassen, dass dieser Mann ausgerechnet Maurice heißt?« Kurz darauf rief ich die angegebene Nummer zurück und ließ mich auf den Anschluss, den der Mann mir gegeben hatte, durchstellen. Eine Frau nahm ab. Ich sagte ihr, wer ich sei, und fragte, ob ich Maurice sprechen könnte.

Sie sagte: »Meine Liebe, ich weiß nicht, mit wem Sie gesprochen haben, doch hier arbeitet niemand, der Maurice heißt.« Danach glaubte ich, dass der Name meines Engels Maurice ist.

(**Anmerkung von Doreen:** Als ich diese Geschichte bearbeitete, saß ich im Zug in Europa und sah zweimal, nachdem ich mit der Geschichte fertig war, den Namen Maurice auf zwei verschiedenen Gebäudeschildern!)

Heilende Engel

VON LILY ALEXANDROVITCH

Am 21. Februar 1996 fuhren meine Cousine Cindy, ihr Mann Michael, mein Bruder und ich zur Ethel M Schokoladenfabrik in Las Vegas in Nevada. Es hatte den ganzen Tag geregnet, und es nieselte immer noch, als wir in die Fabrik gingen. Nachdem wir Schokolade gekauft hatten, wollten die anderen einen Rundgang machen. Ich setzte mich ins Auto, denn es war kalt draußen. Alle anderen Autos und Touristenbusse waren abgefahren. Obwohl der Himmel noch immer mit dunklen Wolken verhangen war, hatte es aufgehört zu regnen. Ich saß auf dem Rücksitz des Autos und schaute zu dem Seitenfenster rechts von mir hinaus. Ich sah eine herrliche Bergkette, die sich hinter dem Gebäude links von mir erhob und sich bis hinter die Schokoladenfabrik rechts von mir zog.

Ich dachte, wie ungewöhnlich es sei, dass die Berge dunkelgrau und purpur waren. Der Himmel über ihnen war hellblau, obwohl der Himmel über dem Auto noch hinter dunklen Wolken versteckt war. Es sah aus, als wäre die Sonne gerade hinter den Bergen untergegangen und der gesamte Bergkamm hätte über sich einen weißen Glanz. Ich konnte mir nicht helfen, aber ich fand, dass ich noch nie etwas Vergleichbares gesehen hatte. Hätte irgendjemand dieses Panorama haargenau so abgemalt, würde jeder sagen, das entspräche nicht der Wirklichkeit. Ich muss in den Anblick dieser herrlichen Berge mindestens 20 Minuten versunken gewesen sein. Dann kamen meine Freunde zurück zum Auto.

Ich sagte nichts. Ich schaute nur weiter die Berge an, da ich von ihnen so fasziniert war. Keiner sagte ein Wort. Wir saßen alle da und schauten. Dann sagte Michael: »Wenn irgendjemand ein Bild von den Bergen malte, so wie sie gerade aussehen, würde man ihm sagen, dass das nicht der Wirklichkeit entsprechen kann, da die Berge viel zu hell sind, um echt sein zu können« – genau, was ich gedacht hatte! Wir waren alle still und schauten weiter. Etwa in der Mitte unseres Blickfeldes senkte und hob sich der Bergkamm und formte ein großes V. Der Himmel hinter dem V war nun auch blassblau. Obwohl ich meine Augen nicht abgewendet hatte, sah ich jetzt zwei leuchtende Strahlen, die wie zwei gigantische Spotlights hinter dem V in den Bergen hervorkamen und zum Himmel gingen.

Und dann erschien genau in der Mitte dieser beiden Strahlen ein weißer Fleck. Der Fleck wurde schnell größer und sah jetzt wie eine Wolke aus, außer dass er außergewöhnlich hell war. Dann nahm die Wolke Gestalt an, erst die einer Person, dann mit Flügeln auf jeder Seite. Es war ein Engel – ein riesiger Engel mit großen Flügeln! Der Engel drehte sich langsam nach rechts. Ich dachte plötzlich, dass vielleicht nur ich alleine diese unglaubliche Gestalt sah, und ohne meine Augen abzuwenden, sagte ich: »Ich sehe einen Engel.«

»Aber sicher sieht das wie ein Engel aus«, sagte Michael. Wir saßen voller Ehrfurcht und schauten.

Einige Sekunden später schrumpfte der Engel zu einem Punkt und verschwand dann in den blassblauen Himmel, aus dem er hervorgegangen war. Was für ein eindrückliches Erlebnis!

7. KAPITEL

Visionen von Jesus

Niemals allein

VON KIMBERLY MCCRIGHT

Als ich studierte, zog ich zu meinen Großeltern, da sie in derselben Stadt wohnten, in der die Universität war, die ich besuchte. Nach einigen Monaten hatte ich immer noch keine Freunde kennen gelernt oder irgendwelche Verabredungen getroffen. Ich war sehr einsam. Jeden Tag sah ich um mich herum Paare und Gruppen von Freunden.

Ich wurde sehr niedergeschlagen, und eines Tages brach ich, als ich in der Dusche war, zusammen und weinte. Ich wurde wütend auf Gott und fragte mich, wo Er war, da ich mich doch so verlassen und allein fühlte. Ich betete zu Jesus und bat ihn, in mein Leben zu kommen und mir durch diese schwierige Zeit zu helfen.

Als ich den Vorhang zurückzog, um aus der Dusche zu gehen, sah ich etwas Unglaubliches. Der Spiegel war vollkommen beschlagen bis auf die Umrisse eines Gesichtes mit langen Haaren, Bart und Schnurrbart. Ich konnte auch die Umrisse von Augen und einer Nase erkennen. Es sah aus wie Jesus!

Ich traute meinen Augen nicht und stand nur da und schaute. Ich fühlte eine Welle von Wärme und Liebe in mir aufsteigen und wusste, dass ich niemals allein bin. Ich kann die Heilung, die sich in mir vollzog, nicht beschreiben. Ich war so berührt davon, dass Jesus sich mir auf diese Weise zeigte, um mich wissen zu lassen, dass er immer da ist und immer zuhört.

Die Tatsache, dass das mir, einem »Niemand«, passierte, ließ mich mich wirklich als etwas Besonderes fühlen. Ich begriff, dass jeder von uns in Gottes Augen gleich wichtig ist. Wir verdienen alle Seine Liebe, und Er verlässt uns nie. Seitdem habe ich mich nie mehr allein gefühlt. Kurz nach diesem Vorfall begegnete ich meiner besten Freundin, die mich meinem späteren Ehemann vorstellte.

»Ist Jesus über eurem Haus?«

VON SHERRY L.GUNDERSON

Ich hatte kürzlich Doreens Buch *Engel-Gespräche* gelesen, und ich fing an zu beten und um eine eigene Engelvision zu bitten. Zunächst passierte nichts, doch nach etwa einer Woche hatte ich einen Traum, der zu dem Zeitpunkt für mich keinen Sinn machte.

In meinem Traum wurde ich durch einen Telefonanruf von meinem Freund Ernie geweckt.

»Sherry«, fragte er, »ist Jesus über eurem Haus?« Er sagte das mit großer Verwunderung in seiner Stimme.

Ich lag auf dem Rücken mit dem Telefonhörer an meinem Ohr und schaute von links nach rechts an die Zimmerdecke. Ich antwortete, während ich meinen Kopf schüttelte: »Nein, ich sehe Jesus nicht.« Der Traum ergab keinen Sinn für mich. Ich dachte aber, das läge daran, dass ich nicht gläubig genug wäre.

Eine Woche später fuhr ich von der Arbeit nach Hause, als ein farbenfrohes Funkeln am Himmel meine Aufmerksamkeit auf sich lenkte. Ich blickte nach links und sah etwas, das wie das Gesicht von Jesus aussah, umgeben von einem gelben Licht. Ich erinnere mich, dass ich über die Gläser meiner Sonnenbrille blickte und mich fragte, ob die anderen Autofahrer um mich herum das Gleiche sahen, was ich sah.

Bevor ich das erfuhr, war es Zeit für mich, nach rechts abzubiegen und in nördlicher Richtung weiterzufahren, da ich nur noch ein paar Minuten von meinem Zuhause entfernt war. Ich war überrascht, dass die Vision von Jesus immer noch in den Wolken war. Der einzige Unterschied war, dass er jetzt nach oben statt geradeaus schaute. Ich bemerkte auch, dass er etwas trug, das wie ein Tuch aussah (mir wurde gesagt, dass es die Dornenkrone ist). Ich konnte nicht glauben, was ich sah.

Der Freund meiner Schwester, Pete, stand draußen in der Nähe meines Autos, Ich zeigte in den Himmel und fragte ihn: »Sag mir, ob das Jesus ist, oder habe ich Halluzinationen?«

Pete schaute auf die Erscheinung und sagte: »*Das* ist Jesus.«

Ich sah zunächst keinen Zusammenhang zwischen den beiden Vorfällen. Schließlich realisierte ich, dass mich der Traum, in dem mein Freund Ernie fragte, »Sherry, ist Jesus über eurem Haus?«, wohl auf das vorbereiten sollte, was ich eine Woche später zu sehen bekam.

In den Armen der Liebe

VON GAZELLE

Im Oktober 1999 machte ich eine extrem schwierige Zeit durch. Die genauen Einzelheiten zu schildern würde viel Platz beanspruchen. Es genügt, wenn ich sage, dass ich ehrlich nicht wusste, ob ich das überleben würde. Es war zu schlimm für mich, um damit umgehen zu können. Ich erinnere mich, dass ich betete und um Hilfe flehte. Ich war nicht mehr in der Lage, selbst noch einen Schritt zu tun. Eines Nachts wachte ich um 4.45 Uhr auf und war hellwach. Ich gehöre zu den Personen, die locker eine Stunde brauchen, bis sie richtig wach sind. Deshalb war das ungewöhnlich für mich. Ich ging ins Wohnzimmer und setzte mich dort einige Minuten hin, ehe ich wieder ins Bett ging und dabei dachte, wie seltsam doch alles war. Als ich im Bett lag und mich wieder entspannte, waren da Erscheinungen, die auf so merkwürdige Weise zu mir kamen, dass ich dachte, ich müsste träumen. Doch ich war gerade erst ins Bett zurückgegangen und wusste, ich bin wach.

Die erste Erscheinung war ein herrlicher, absolut schöner Engel! Ich wusste, es war ein männlicher Engel mit kurzen Haaren. Seine Flügel waren riesig, und er war ganz in Weiß … weiße Flügel, weißes Gewand, weißes Haar. Als Nächstes bemerkte ich, dass der Raum voller Engel war – in allen Größen und Gestalten –, einige waren nur kleine funkelnde Lichter. Einige hatten Flügel, aber nicht alle. Der Raum schien endlos, doch er war voll. Da war so großer Frieden und so viel Liebe. Ich sagte unaufhörlich: »Ich verstehe nicht.« Es war, als wenn man mir telepathisch sagte, dass dies Engel wären, doch ich hatte keinerlei Idee, warum ich da war.

Das Nächste, was ich realisierte, war, dass jemand mich in den Armen hielt, so wie man ein Baby hält. Ich versuchte aufzustehen, aber meine Beine trugen mich nicht, ich war nicht stark genug. Deshalb hob mich dieser Jemand wieder hoch und hielt mich. Ich wusste nicht, wer mich hielt, ich wusste nur, dass es ein männliches Wesen war. Als ich in seinen Armen war, blickte ich die Engel an und versuchte zu verstehen, was vor sich ging. Etwas oder jemand sagte mir, ich sollte nach links schauen. Ich kann den Eindruck, den das Bild, das ich sah, auf mich machte, nicht einmal annähernd beschreiben. Es war eine Art Altar, doch alles, was ich sehen konnte, war das Licht. Ich weiß, da waren Gestalten hinter dem »Altar«, und ich weiß, eine davon war Jesus. Ich erinnere mich, dass ich dachte, dass eine davon Gott war, doch mein Wachbewusstsein hatte Schwierigkeiten, dies zu akzeptieren.

Ich weiß, dass mir die Wahl gegeben wurde, etwas zu akzeptieren oder nicht zu akzeptieren, doch ich bin immer noch unsicher, was genau es war, das man mir anbot. Alles, was ich weiß, ist, dass ich ja sagte. In dem Augenblick wurde mir ein Schub sichtbarer Energie geschickt, die die Farbe des Sonnenscheins hatte. Sie ging wie ein Blitz durch meinen Körper. Mein Körper konnte nicht alles aufnehmen, und sie ging durch mich durch und füllte mich und den ganzen Raum. Ich fühlte so großen Frieden, Freude, seelische und körperliche Heilung, Dankbarkeit und Liebe, wie ich es nicht mit Worten beschreiben kann.

Ich hatte das Gefühl, dass alle feierten, dass gerade etwas sehr Wichtiges geschehen war und dass sie sich deshalb freuten. Das Gefühl des Friedens und des Wohlbefindens blieb, und schließlich sank ich in den Schlaf.

Am nächsten Tag dachte ich darüber nach, und obwohl ich mich immer noch gut fühlte, fing ich an zu denken, dass es nur ein Traum war. Ich stand am Herd und bereitete das Essen zu, als ein weiterer Schub der gleichen Energie durch meinen Körper ging. Ich konnte kaum stehen! Ich erinnerte mich, irgendwo gehört zu haben, dass man Energie weitergeben soll. So viel Energie konnte ich nicht aufnehmen, deshalb fing ich an, all meinen Familienmitgliedern und Freunden Energie zu schicken. Doch sie konnten auch nicht genügend davon aufnehmen, deshalb schickte ich sie weiter an ein Krankenhaus und dann zu einem anderen und noch einem anderen.

Schließlich konzentrierte ich mich auf das Kinderkrankenhaus. Ich setzte eine Kuppel heilenden weißen Lichts über das Gebäude. Ich betete, dass jedem einzelnen Kind an diesem Tag eine Atempause vergönnt werden würde und dass alle Eltern sich erleichtert fühlen würden, wenn sie sähen, dass es ihren Kindern besser ginge. Nach einer Weile ließ die Energie nach, und ich realisierte, dass ich immer noch in meiner Küche stand und mich am Tisch festhielt. Es war genau die gleiche Energie, die in der Nacht davor durch mich durchgegangen war. In dem Moment wusste ich sicher, dass es kein Traum gewesen war.

Ich verstehe immer noch nicht ganz, was mir in der Nacht geschehen war. Ich hatte ein sehr genaues Gefühl, dass mir ein wunderbares Geschenk gemacht worden war und dass ich damit etwas ganz Besonderes machen sollte. Ich weiß immer noch nicht, was das ist, doch ich denke, es hat etwas mit Heilung zu tun, Heilung für mich und andere. In der Zwischenzeit tue ich weiter alles, was ich kann, um mich zu heilen und dabei so viel, wie mir möglich ist, über Engel zu lernen und offen für ihre Führung zu sein. Sie sind jetzt Teil meines täglichen Lebens. Ich erkenne die Einflüsse der Engel und w e i ß , dass sie da sind, und ich weiß auch, dass, wenn die Zeit reif ist, ich alles wissen werde, was ich wissen muss.

Was ich sicher weiß, ist, dass die Engel für jeden da sind, ganz gleich ob wir es realisieren oder nicht. Sie hören, was wir sagen, und sie intervenieren öfter, als wir jemals wissen. Sie bringen uns Frieden, Freude und Liebe und setzen sich stets für unser höheres Wohl ein … selbst wenn wir im Moment nicht daran denken. Viele wunderbare Dinge sind mir passiert, seit ich begann, mit den Engeln zu sprechen. Das Schönste, was ich jemandem wünschen kann, ist, dass er seinen Engel kennen lernt.

So viel Liebe!

VON MARSHA ZALER

Ich hatte einen unglaublichen Traum, den ich nie vergessen werde: Ich war ganz alleine in diesem weißen Raum und wunderte mich, wo ich war. Aus meinen Augenwinkeln sah ich ein herrliches weißes Licht. Als ich mich umdrehte, sah ich den heiligen Jesus mit seinem Zeigefinger, der auf sein Herz zeigte. Er sah mit so viel Liebe und Güte auf mich herab, dass ich meine Augen nicht von ihm abwenden konnte. Er war so schön, und das Licht war so voller Liebe.

Ich schaute nach oben, und im Himmel erschienen die Worte: »Jesus und Maria lieben dich.« Dann fielen der Worte mit dem lautesten Knall, den ich je in meinem Leben gehört hatte, zu Boden. Der ganze »Traum« war so bewegend, dass ich schluchzend erwachte.

Ein unglaublich heller Glanz!

VON SUSAN

Ich war eine 19-jährige, allein stehende, Frau, gerade Mutter geworden und lebte bei meinen Eltern, nachdem der Vater des Kindes uns verlassen hatte. Ich war nur etwa zehn Minuten in meinem ganzen Leben in der Kirche gewesen. Ich hatte niemals die Bibel gelesen oder viel gebetet. Und dann hatte ich diesen lebensverändernden Traum.

Im Traum ging ich von meinem Zimmer ins Wohnzimmer im Hause meiner Eltern. Dort saß Jesus mit einigen anderen Männern, die ähnlich gekleidet waren wie er, am Esstisch. In meinem Traum muss es Nacht gewesen sein, denn ich hatte das Gefühl, meine Eltern schliefen in ihrem Schlafzimmer. Jesus hatte diesen starken Glanz um sich, und ich empfand große Angst.

Da ich mich so stark fürchtete, rannte ich zum Schlafzimmer meiner Eltern und versuchte sie aufzuwecken. Ich schrie Jesus und den anderen Männern zu: »Geht weg!« Doch meine Eltern wachten nicht auf. Ich hatte das Gefühl, in einem Alptraum zu sein. Dann hörte ich aus irgendeinem Grund auf zu weinen und ging zurück ins Wohnzimmer.

Jesus stand vom Tisch auf und kam zu mir. Ich hatte keine Angst mehr. Als er nahe bei mir war, fiel ich auf meine Knie. Ich erinnere mich, wie *unglaublich hell* er war, wie eine Aura. Sein Gesicht war friedvoll und schön. Sein Gewand war von einem sehr hellen Weiß mit einem blauen Streifen darauf. Wenn ich an den Traum denke, dann war das Auffälligste, dass Jesus so unglaublich strahlend war!

Während ich auf meinen Knien lag und ihn anschaute, sagte ich immer und immer wieder: »Es tut mir so Leid.« Er berührte mich mit seiner linken Hand. Ich hörte ihn kein Wort mit seinen Lippen sagen, doch irgendwie hörte ich Jesus sagen: »Ich vergebe dir.« Als ich ihn diese Worte sagen hörte, empfand ich Wärme, Frieden und Glück und fühlte mich voller Wärme. Ich hatte Gefühle, die man auf dieser Erde nicht fühlen kann. Ich erinnere mich, wie sehr, sehr stark diese Gefühle waren. Ich fühlte mich wie ein Teil dieses Strahlens Jesu, dieser immensen Liebe und Wärme zusammen. Dann wachte ich auf. Ich wusste nicht, warum ich diesen Traum gehabt hatte, doch ich wusste, dass es ein ganz besonderer war, da er sich so echt anfühlte.

Nach dem Traum besorgte ich mir eine Bibel und begann, jeden Abend darin zu lesen. Als ich zu den Abschnitten über Jesus kam, hatte ich wirklich starke Emotionen, denn ich empfand ihn als meinen Bruder und engen Freund.

Heilung der Gefühle

VON LOUISE RATCLIFFE

Als ich sieben Jahre alt war, hatte ich ein traumatisches Erlebnis in der katholischen Grundschule, die ich besuchte. Das Lernen schien mir eine schwierige Sache zu sein, und als schüchternes Kind vermied ich es, den Lehrern Fragen zu stellen oder sie um ihre Hilfe zu bitten. Bei meinem ersten Rechtschreibtest hatte ich so wenig Vertrauen in meine Rechtschreibfähigkeiten, dass ich meine einzige Chance, den Test zu bestehen, darin sah, zu schummeln. Ich mogelte also, aber in einer lächerlich auffälligen Weise. Zu meiner großen Überraschung wurde ich entdeckt.

Als Bestrafung wurde ich in den Lagerraum der Schule gebracht und mit einem Lineal auf die Hände geschlagen. Die Nonne, die mir diese grausamen und demütigenden Schläge verpasste, war meine Lehrerin, Schwester Anthony. Meine Erinnerungen an sie, die so klar sind, als wäre es gestern gewesen – wie auch an die Scham, die Verletzung und die Demütigung –, sind in all diesen Jahren in meinem Gedächtnis geblieben. Einige mögen dies als eine unbedeutende Sache betrachten, für mich war es das aber nicht, für mich war es eine große.

Von dem Tag an verbrachte ich den Rest meiner Schuljahre damit, aus dem Fenster zu schauen. Ich schaltete bei jeder Art von Englischunterricht vollkommen ab und fand mich mit der Tatsache ab, dumm zu sein. Viele Jahre lang empfand ich tiefe Ressentiments gegenüber Schwester Anthony. Um ihr die Schuld für meine Unzulänglichkeiten im Englischen zu geben, sperrte ich mich gegen jede Heilung der Situation. Über lange Zeit gelang es mir, mit meinem schlechten Englisch durchzukommen.

Doch dann musste ich lernen, damit ich eine sechsstündige Prüfung ablegen konnte, die mir die Möglichkeit geben würde, in einer Immobilienagentur zu arbeiten. Ich hatte während der Lernzeit extremen Stress, da ich permanent mit der Stimme in meinem Kopf kämpfte, die mir sagte, ich sei dumm und ein hoffnungsloser Fall. Schließlich meditierte ich und bat Jesus und die Engel, mir zu helfen, meinen mangelnden Glauben an mich selbst zu überwinden.

Während meiner Meditation begegnete ich Jesus. Ich sah ihn und fühlte, wie er sagte, dass er mich gerne auf eine Reise mitnehmen würde. Jesus nahm mich an die Hand, lächelte mir zu und führte mich zurück in das Klassenzimmer jenes fatalen Tages im Jahre 1969.

Da stand Schwester Anthony im Klassenzimmer, das voll mit Kindern war. Doch anstatt ärgerlich zu gucken, kam sie dieses Mal zu mir herüber und lächelte, hockte sich vor mir nieder und schaute in meine Augen. Ihr Gesicht hatte die Härte verloren, die ich in Erinnerung hatte, und ich empfand überwältigende Liebe und Vergebung *für sie* und *von ihr*. Es war so echt!

Schwester Anthony sagte, dass es ihr Leid täte, dass sie mich verletzt hätte, und dass sie nicht mehr auf der Erde wäre. Sie sagte mir, dass sie mich liebte und dass sie mir helfen würde, meine Rechtschreibprobleme zu bewältigen. Schwester Anthony sagte, alles was ich tun müsste, um ihre Hilfe zu bekommen, wäre, darum zu bitten.

Ich machte meine Prüfung für die Immobilienagentur und nehme jetzt Englischunterricht. Meine Rechtschreibung hat sich ständig verbessert. Ich habe auch festgestellt, dass ich leicht legasthenisch bin, aber ich weiß, dass ich das überwinden kann. Das verdanke ich Jesus, der mich mit meinem neuen Engel, Schwester Anthony, bekannt gemacht hat.

8. KAPITEL

ERHÖRTE GEBETE

Ein himmlischer Kaltstart

VON SHARON

Ich musste in die Stadt, doch als ich hinaus zu meinem Auto ging, stellte ich fest, dass jemand die Tür offen gelassen hatte. Das Licht im Auto hatte zu lange gebrannt und damit war die Batterie komplett leer.

Wir hatten eine Ersatzbatterie, doch diese passte nicht in die Halterung meines Autos. Mein Mann und ich versuchten, das Auto damit kalt zu starten, doch wir hatten keinen Erfolg. Dann fuhr mein Mann sein Auto neben meines, und wir versuchten es über seine Batterie anzulassen. Wieder hatten wir kein Glück. Er erhöhte die Umdrehungen seines Motors, und ich versuchte es erneut … aber immer noch kein Erfolg.

Gerade als er zu seinem Auto zurückging, um den Motor abzustellen, erinnerte ich mich der Engel. Ich dachte: *»Raphael hilft!«* Dann rief ich im Geiste: *»Raphael, hilf meinem Auto!«*

Das Auto erwachte zum Leben! Ich schaffte den ganzen Weg in die Stadt ohne eine Störung. Was diese Geschichte sogar noch erfreulicher macht, ist, dass ich in der Stadt sein musste, bevor die Buchhandlungen schlossen. Verstehen Sie, ich hatte gerade erfahren, dass sie Doreens Buch *Das Heilgeheimnis der Engel* wieder auf Lager haben.

Sofortige Hilfe

VON JOANNE

Mein Sohn Rusty war ein aufgewecktes und extrem glückliches Kind. Er war voller Energie und neugierig und sehr impulsiv. Eines Tages war ich in der Küche beschäftigt und bereitete das Essen zu. Rusty spielte in der Nähe. Er war noch nicht zwei Jahre alt.

Während ich kochte, legte ich ein Fleischmesser auf die Arbeitsplatte. Ich drehte mich einen Augenblick um, und Rusty griff sich das Messer. Als ich mich wieder umdrehte, lachte er, bereit, mit seiner Beute davonzulaufen, und in Erwartung einer fröhlichen Jagd. Das Schlimme dabei war, dass er als Kleinkind noch unsicher auf seinen Beinen war. Egal, was ich gesagt oder getan hätte, nichts hätte diesen kleinen Kerl davon abhalten können, sein Ziel zu verfolgen. Ich fiel auf meine Knie und flehte Gott und die Engel um Hilfe an. Über meine Lippen kamen keine Worte. Ich schickte lediglich Blitzgedanken in den Himmel. Rusty, immer noch fröhlich und voller Energie, ließ das Messer los. Das geschah so schnell und war so untypisch für die Jagdspiele, die er normalerweise anzettelte, dass ich wusste, dass an diesem Tag Engel mit uns gewesen waren. Ich dankte Gott und den Engeln für ihre Hilfe an diesem Tag. Ich wurde mir sogar all des Guten, das meinen Sohn umgibt, noch bewusster!

Jede Hilfe, die du brauchst

VON JULIE ANNETTE BENNETT

Donnerstagnacht, am 18. November 1999, wurde ich vom Regen wach, der geräuschvoll in die Dachrinne tröpfelte. Da ich langsam aus tiefem Schlummer erwachte, wusste ich, dass ich nicht mehr einschlafen könnte, wenn das lästige Geräusch nicht aufhörte.

Ich beschloss meine Engel um Hilfe zu bitten. »Bitte, liebe Engel, ich kann erst meinen Schlaf wiederfinden, wenn dieses Tropfen des Regens aufhört. Bitte tut etwas und stoppt diesen Krach.« Etwa 30 Sekunden vergingen, ohne dass es besser wurde. Daher bat ich noch einmal, sie mögen intervenieren und fügte hinzu: »Bitte, gleich.«

Innerhalb von zehn Sekunden hörte das tropfende Geräusch auf, nicht nur zeitweise, sondern ganz. Vielen Dank, ihr lieben Engel.

Der Parkplatzengel

VON BRENDAN GLANVILLE

Ich fuhr durch Brisbane hier in Australien und war in Eile, um die politische Rede eines Freundes für die Queensland Regierung zu hören. Dann erinnerte ich mich, dass ich Engel bitten könnte, für uns einen Parkplatz zu finden. Sofort, nachdem ich meine Bitte ausgesprochen hatte, hörte ich eine Stimme sagen: *»Fahre nach links, und dann wieder nach links.«* Damit kam ich eigentlich in die falsche Richtung, doch ich beschloss, der Stimme zu vertrauen und der angegebenen Richtung zu folgen.

Dann hörte ich: »*Fahre da hinein.*« Ich machte das sofort und fuhr in den Platz vor einem Gebäude hinein. Links von mir befand sich, als ob er auf mich gewartet hätte, ein Parkplatz mit Parkuhr. Dann stellte ich fest, dass ich in der Eile mein Portemonnaie vergessen hatte, und ich brauchte Geld für die Parkuhr. Darum bat ich die Engel um Kleingeld. Als ich meinen Aschenbecher öffnete, fand ich darin genau die zwei Münzen, die ich für die Parkuhr brauchte. Ich war so aufgeregt, dass ich auf meinem Weg zum Treffen mein Büro anrief und meinen Mitarbeitern davon erzählte.

Als ich nach der Rede zu meinem Auto zurückkam, sagte ich zu den Engeln: »Wenn irgendjemand einen Parkplatz braucht, die Parkuhr ist hier noch nicht abgelaufen. Die Person kann ihn umsonst haben.« Ich stieg in mein Auto, und noch bevor ich den Motor startete, kam ein Auto um die Ecke gefahren und wartete, bis ich aus der Parklücke gefahren war.

Vor einem Tornado beschützt

VON JUDY MITCHELL

Im Frühjahr 1996 waren wir in Allison, Arkansas, wo ich lebte, vor Tornados gewarnt worden. Es war ein heißer, feuchter Sonntag, und der Himmel war von einem grünlichen Grau. Ich war erst kürzlich von Kalifornien nach Arkansas gezogen und kannte mich mit Tornados nicht aus. Den Tag zuvor hatte ich etwas Ungewöhnliches am Himmel gesehen: einen vollkommen runden Regenbogen um die Sonne herum. Später erfuhr ich, dass eine solche Erscheinung »Sundog« genannt wird und schweres Wetter ankündigt.

Ich war zu Hause und hütete den Sohn einer Freundin. Meine 13-jährige Pflegetochter war bei mir und meine Zwillinge, die acht Jahre alt waren. Sie spielten alle in dem historisch alten Haus, das wir gemietet hatten. Ich erhielt einen Anruf von einem Nachbarn, der mir mitteilte, dass ein gewaltiger Tornado sich am Boden bewegte und auf unser Haus zukam! Sie sagte, wir müssten Schutz suchen. Es gab aber keinen Keller, nur ein Badezimmer mit einer Außenmauer und einem großen Fenster. Ich wusste aus dem, was ich gelesen hatte, dass dies kein ausreichender Schutz war.

Ich sagte allen Kindern, sie sollten sich ihre Schuhe anziehen und in die Badewanne steigen. Der Himmel wurde immer dunkler und grüner. Ich lief nach draußen, um zu schauen, und da war er, der Tornado. Ich konnte ihn hören, bevor ich ihn sah. Es war ein gewaltiger Wirbelsturm, und er war etwa einen halben Kilometer von uns entfernt. Ich rannte ins Haus zurück, um zu den Kindern zu kommen. Dann wurde alles dunkel – alle Elektrizität fiel aus. Das Getöse des sich nähernden Tornados war so laut, dass es beinahe unerträglich war. Das Haus fing an zu vibrieren.

Ich kniete mich mit den Kindern in die Badewanne und bedeckte sie mit meinen Armen. Ich sagte ihnen, sie sollten nicht auf den Krach hören, sondern auf mich. Ich dachte bei mir: »*Wir werden sterben!*« Ich dachte an meine erwachsene Tochter in Kalifornien und fand den Gedanken entsetzlich, dass sie alleine zurückblieb, wenn wir stürben.

Ich fing an zu beten und bat um Hilfe. Ich betete:

»Bitte mach, dass der Tornado jetzt höher und über unser Haus hinweggeht.« Dann sagte ich im Geiste diese Affirmationen: *»Wir werden beschützt. Wir werden geliebt, und wir werden jetzt beschützt.«* Ich bat meine Mutter, die gestorben war, uns zu helfen. Ich sagte zu mir selbst: *»Wir werden nicht sterben; wir werden leben.«* Je lauter das Getöse wurde, desto lauter betete ich. Der Krach war unglaublich, und das Beben war fürchterlich. Doch dann ließ es langsam nach. Als es vorbei zu sein schien, schaute ich aus dem Fenster, und alles, was ich sehen konnte, war grüner Nebel. Wir lebten alle noch und waren unverletzt! Es war vorbei.

Leider hatten unsere Nachbarn nicht so viel Glück. An diesem Tag gab es um 19 Uhr insgesamt sechs Tornados in Allison. Neun Leute wurden getötet, und viele Häuser wurden zerstört. Ein Teil meines Dachs war davongerissen worden, ein Messingbett war gänzlich über unser Haus geschleudert, und die Radkappen meines Autos waren abgerissen worden. Es gab viele Häuser, von denen nur noch die Grundmauern standen. Viele Leute waren an diesem Sonntag zu der Uhrzeit in der Kirche, und sie kamen zurück und hatten ihre Häuser verloren. Wir hatten tagelang keine Elektrizität und kein Wasser, aber wir lebten.

Ein Mann kam zu mir und sagte, er hätte den Tornado wie einen Hut auf meinem Haus sitzen sehen, und er wäre sicher gewesen, wir wären alle tot. Dann, sagte er, hätte sich der Tornado einfach in die Luft gehoben. Er sagte, es wäre ein Wunder gewesen. Es war ein Wunder – Gott und die Engel hatten uns geholfen. Ein anderer Mann sah, wie der Tornado auf unser Haus traf, und dachte, wir wären alle umgekommen.

Dieses Erlebnis veränderte mein Leben. Ich glaube an das Gebet, und ich weiß, dass wir nur bitten müssen. Was die Kinder in der Badewanne anbetrifft, ich glaube kaum, dass sie dies je vergessen werden, und sie wissen jetzt, welche Kraft das Gebet hat und wie wichtig es ist, um Schutz zu bitten.

Verloren und gefunden

VON BONNIE SUZANNE KOESTER

Ich hatte meine beiden Töchter und ihre Freunde zum Abendessen ausgeführt, um den Geburtstag meiner ältesten Tochter zu feiern. Das Restaurant befindet sich am Houston Ship Channel, und zwischen dem Wasser und dem Gebäude liegt eine große Rasenfläche. Wir hatten ein vorzügliches Essen, und nach dem Dinner rannten die Mädchen hinaus und alberten auf dem Rasen herum, bevor wir gingen. Kaum saßen wir im Auto, da stellte die Freundin meiner Tochter fest, dass sie ihr Portemonnaie mit ihrem Führerschein darin verloren hatte. Die Mädchen drängten sich aus dem Auto und fingen an, die Wiese abzusuchen. Es war sehr dunkel, deshalb parkte ich das Auto so, dass die Scheinwerfer für sie auf den Rasen schienen. Die Suche schien hoffnungslos, so als wollte man eine Nadel im Heuhaufen finden. Während ich im Auto saß, entspannte ich mich und bat meine Engel, ob sie bitte zeigen könnten, wo die Geldbörse war. Dann hatte ich eine klare Vision vor Augen. Ich sah die Geldbörse hinter mir, neben dem Rücksitz, neben der Tür. Ich stieg aus dem Auto und öffnete die hintere Tür in voller Erwartung, das Portemonnaie dort zu sehen – denn das hatte mir meine Vision deutlich gezeigt. Aber ich konnte sie nicht sehen. Es war pechschwarze Nacht. Ich beugte mich tiefer nach vorne, und dann sah ich einen kleinen Schimmer von Metall. Ich streckte meine Hand danach aus. Tatsächlich, es war die Geldbörse! Sie lag genau an der Stelle, die ich in meiner Vision gesehen hatte, auch wenn ich sie mit meinen physischen Augen nicht sehen konnte. Das war eigenartig und wirklich cool!

Schau, was die Engel angebracht haben!

VON CAROL CZERNIEC

Vor einigen Jahren arbeitete ich ganztags, und meine Kinder gingen in einen Tageshort. Mein fünfjähriger Sohn hatte eine Katze, die er sehr liebte. Sie war sehr fett und zahm, und wir ließen sie immer im Haus. Doch gelegentlich schlich sie davon und versteckte sich unter den Wacholderbüschen. Die Büsche waren so dicht und klebrig und hingen so tief auf den Boden, dass es unmöglich war, sie daraus hervorzulocken.

Eines Morgens wollte ich die Kinder mit dem Auto zur Schule bringen, musste aber noch einmal zurück ins Haus laufen, da ich etwas vergessen hatte. Natürlich nutzte diese Katze die Gelegenheit, nach draußen und unter die Büsche zu rennen. Wir waren schon spät dran, und ich wusste aus Erfahrung, dass es Stunden dauerte, sie da wieder herauszuholen. Ich konnte sie dort aber nicht den ganzen Tag lassen und riskieren, dass ihr etwas zustieß. Mein Sohn würde mir das nie verzeihen!

Ich heulte fast vor Verzweiflung, betete aber stattdessen zu den Engeln, sie mögen sie wieder ins Haus bringen. Ich stand da und hielt die Tür auf und wartete darauf, dass die Engel mir helfen würden. Tatsächlich kam die Katze unter den Büschen hervor. Sie ging sehr eigenartig, sehr steif, wie eine Marionette, mit wild blickenden Augen. Sie rannte durch die Haustür, die ich hinter ihr schloss. Ich konnte nicht sehen, dass die Engel sie hereinbrachten, aber die Katze und ich wussten, dass Engel im Spiel waren!

Eine tröstliche Botschaft

VON ANONYM

Es war eine besonders schwierige Zeit für mich. Ich war seit acht Jahren geschieden, meine Söhne waren fort auf dem College, und ich war in der Hochschule. Ich fühlte mich einsam, allein und voller Ängste. Als ich am Strand von Cape Cod, der Stadt, in der ich lebte, entlangging, versuchte ich mir ein Heilprogramm auszudenken, das ich auf mein Leben anwenden wollte. Die Betty-Neumann-System-Theorie hat festgestellt, dass, wenn irgendeine Variable im Leben eines Menschen eine Störung erfährt, dieser Mensch der Gefahr unterliegt zu erkranken. Eine Beurteilung meiner selbst ergab: eine übergewichtige, konditionslose, einsame, spirituell deprivierte Frau.

Als ich über meinen Zustand nachdachte, dachte ich auch an die Einflüsse, die mein frühes Leben auf mein aktuelles hatte. Mein Vater, Richard Williamson, war ein wunderbarer Mann gewesen, wenn er nüchtern war. Doch wenn er trank, verwandelte er sich in ein Monster und missbrauchte meine Mutter und bedrohte meine drei älteren Schwestern und mich. Mein Vater starb, als ich sieben Jahre alt war. Sein Tod verstärkte meine Verlassenheitsgefühle und meinen Zorn.

Ich konnte mir nicht helfen, aber ich nahm meinem Vater die Auswirkungen übel, die sein Alkoholismus auf meine Entwicklung genommen hatte. Doch an diesem Tag am Strand beschloss ich, Veränderungen in meinem Leben für mein allgemeines Wohlbefinden vorzunehmen. Ich beschloss, eine Diät zu machen, öfter zu laufen und wieder in die Kirche zu gehen. Wir waren stets gläubige Katholiken gewesen, aber nach meiner Scheidung fühlte ich mich sogar von Gott verlassen, so dass ich jegliche religiöse Zugehörigkeit aufgab.

Am nächsten Morgen stand ich früh auf, um in die Kirche zu gehen. Ich nahm ein gutes, gesundes Frühstück ein und fing an, während ich meinen Kaffee trank, eine Zeitung zu lesen. Darin stand ein Artikel über ein Medium, das mit Leuten kommunizierte, die nach dem Tod auf einen anderen Planeten übergegangen waren. Ich hatte nie daran gezweifelt, dass es ein Leben nach dem Tod gibt. Deshalb war ich auch nicht so skeptisch, wie es viele meiner Freunde gewesen wären, was die Kommunikation anging, die dieses Medium beschrieb. Ich rief beinahe lachend laut in den Raum. »Wenn mein Vater in der Nähe ist, dann hat er eine Menge wieder gutzumachen!«

Ich ging regelmäßig zur Messe. Während jeder

Messe kam der Moment, in dem wir für die Verstorbenen beteten. Sie können sich meine Reaktion vorstellen, als der Priester sagte: »Wir beten für alle, die gestorben sind, insbesondere für Richard Williamson, für den diese Messe gelesen wird.« Ich fühlte einen starken Stoß, so dass ich mich umdrehte, um zu sehen, ob jemand mich angestoßen hatte. Niemand aber war nahe genug, dies getan haben zu können. Ich war fassungslos, als ich den Namen meines Vaters hörte (selbst wenn es in unserer Gegend vielleicht einen anderen Richard Williamson gab). Kurz darauf schickte ich meinem Vater meine gesprochene Botschaft! Die Möglichkeit, dass dies ein Zufall war, kam für mich nicht in Frage. Ich weiß, dass mein Vater mich sehen kann, und weiß, was in meinem Leben passiert, und dass Gott es zuließ, dass ich diese tröstliche Nachricht erhielt.

Ich gehe jetzt zu den Anonymen Übergewichtigen und arbeite täglich mit meinen Engeln. Vaters himmlische Botschaft und meine Engel helfen mir dabei, mein Leben so zu ändern, dass ich nicht mehr das Opfer, sondern der Sieger bin!

Meine heilenden Engel

VON PAIGE

Im letzten Jahr musste ich einen sehr emotionalen und nervenaufreibenden Prozess gegen meinen früheren Arbeitgeber mitmachen. Während des Prozesses fühlte ich mich von allen verraten. Am Ende blieben mir nur noch ein wirklicher Freund und ein entsetzliches Gefühl der Verlassenheit. Ich ging mit meinen Depressionen zum Arzt, und er sagte mir, dass ich schon seit Jahren an einer nicht diagnostizierten bipolaren Störung leide. Er verschrieb mir ein leichtes Antidepressivum, was aber keine große Wirkung hatte. Daher versuchte ich den Arzt wiederaufzusuchen, um ein stärkeres Mittel zu bekommen, doch da ich während des Prozesses meine Arbeitsstelle verlassen hatte, hatte ich keine Krankenversicherung mehr.

Jeder Tag, an dem eine bipolare Störung unbehandelt bleibt, ist zunehmend schwierig. Wenn man Depressionen dieser Art hat, sich ohne Hoffnung und verlassen fühlt, kommt man schnell auf Selbstmordgedanken. Ich heulte jeden Tag, den ganzen Tag! Ich sehnte immer den Tod herbei oder grübelte darüber nach, wie ich mich aus diesem Elend herausbringen könnte. Ich fing zu trinken an, um meinen Schmerz zu lindern, und ich ging nie aus dem Haus. Es gab nichts Positives mehr in meinem Leben, an das ich mich halten konnte.

Der Chef meiner Mitbewohnerin kaufte ihr ein Buch über Engel, das sie mir zum Lesen gab. Ich fing an, jeden Abend, bevor ich zu Bett ging, zu meinen Engeln zu sprechen. Ich hatte auch ein kleines Gebet für meinen Engel unter meinem Kopfkissen liegen.

An dem Tag, an dem ich begann, mit den Engeln zu arbeiten, verlor ich jede Lust auf Alkohol und habe seitdem keine Beruhigungsmittel mehr genommen oder geweint. Ich bin erstaunt, wie gut ich auch dank der Engel schlafe. Wegen ihnen habe ich sogar nicht einmal mehr an Selbstmord gedacht oder daran, dass mein Leben ein schlechtes Leben ist.

Letzte Nacht hatte ich 20 Minuten, nachdem ich zu meinen Engeln gesprochen hatte, ohne einen besonderen Grund ein überwältigendes Glücksgefühl. Ich fühlte mich gut – aus dem Nichts heraus! Ich fühlte mich wie ein neuer Mensch. Da waren keine Drogen im Spiel, nur mein fester Glaube an meine Engel. Man sagt, alles, was passiert, hat einen Grund, und das stimmt. Meine Mitbewohnerin brachte im richtigen Moment dieses Buch. Meine Engel sprachen zu mir und versuchten mich zu erreichen, und sie haben es geschafft.

Himmlische Hilfe

VON LISSY DUNNING

Anfang des Jahres 2000 reiste ich zu einem wichtigen Meeting nach Kalamazoo in Michigan. Ich fuhr mit etwa 100 Stundenkilometer Geschwindigkeit und befand mich auf der Überholspur auf der Interstate 94, als plötzlich mein linker Vorderreifen platzte. Es gab keine Möglichkeit für mich, an die rechte Seite der Straße zu gelangen. Ich überholte bereits ein Fahrzeug, und ein anderes war auf meiner Spur hinter mir. Ich hatte große Angst und zitterte, schaffte es aber irgendwie, von der Straße zu kommen.

Ich hatte kein Handy bei mir und war mindestens einen halben Kilometer von der nächsten Tankstelle entfernt. Als ich draußen vor meinem Wagen stand und überlegte, in welche Richtung und zu welcher Ausfahrt ich gehen sollte, fiel mir auf, dass viele Lastwagenfahrer in die entgegengesetzte Richtung fuhren. Ich blickte zum Himmel und betete: »Oh, Herr, bitte mach, dass einer dieser Lastwagenfahrer anhält und mir hilft!«

Innerhalb von drei Minuten drehte ein Lastwagenfahrer um und hielt. Er brachte mein Auto nicht nur auf die andere Seite der Straße, er wechselte auch noch meinen Reifen und nahm dafür nicht einen Cent. Für mich war dies eine der unglaublichsten Sachen, die mir passiert sind. Ich war in Sicherheit und erhielt schnelle Hilfe von oben. Gott und meine Schutzengel taten an dem Tag ihr doppeltes Pensum, und sie arbeiteten besser als ein Handy!

Bestätigung von den Engeln

VON GILLIAN HOLLAND

Nachdem ich heute Doreen Virtues Buch *Engel-Gespräche* gekauft hatte, ließ ich mir ein Bad ein, glitt ins Wasser und freute mich darauf, zu relaxen und das Lesen des Buches zu genießen. Nach einer ganzen Weile fing das Badewasser an, kalt zu werden. Ich machte daraufhin das Buch zu und bat um irgendeine Bestätigung zu dem, was ich las. Ich ließ das Buch fallen, das sich dabei von alleine öffnete. Die Seite, die sich aufschlug, war die mit einem Bericht von Marie Nelson mit der Überschrift *Sofortiger Beweis*. Ist das vielleicht keine Bestätigung!

9. KAPITEL

Hilfe von Engeln

Ein Traum rettete mein Leben

VON JILL WELLINGTON SCHAEFF

Ich hatte soeben meinen Abschluss als Journalistin an der Ohio-State-Universität gemacht und war begeistert, dass ich gleich einen Job bei einem winzigen Radiosender in Racine in Wisconsin antreten konnte. Das war 1979. Die Stunden waren aufreibend, da ich über die abendlichen Stadtratssitzungen berichtete, und um drei Uhr morgens schon wieder auf sein musste, um die morgendlichen Verkehrsnachrichten durchzugeben. Und das alles für einen lumpigen Gehaltsscheck.

Nach zehn Monaten mit wenig Schlaf fragte mich Andy, einer der Discjockeys, ob ich mit ihm zu einem größeren Sender nach Evansville in Indiana ginge. Wow – ein Aufstieg und ein viel größeres Sendegebiet! Ich erklomm wirklich die Erfolgsleiter mit 23 Jahren.

Fünf Wochen später wurden Andy und ich gefeuert. Der Sender stellte auf Automatisierung um, und Menschen waren out. Andy bekam problemlos einen anderen Job in Evansville, ich aber nicht. Ich fing an, mir langsam Sorgen zu machen, als ich bei jedem Sender der Stadt vorstellig wurde, nur um zu erfahren, dass sie keine Arbeit für mich hatten. Plötzlich vermisste ich meinen alten Job, meine Freunde und diesen bescheidenen Gehaltsscheck.

Andy bot mir an, mich nach Racine zu einem Partywochenende mit der alten Gang zu fahren. Er sagte, wir könnten bei seinen Eltern im nahe gelegenen Milwaukee bleiben. Ich rief meine Mutter in Cincinnati an und teilte ihr meine Pläne mit. Knapp eine halbe Stunde später rief sie mich zurück.

»Oma ist im Krankenhaus, ihr geht es schlecht. Ich fahre nach Kenosha.« Erstaunlicherweise liegt Kenosha nur ungefähr 15 Kilometer südlich von Racine. Wir verabredeten, uns zum Abendessen zu treffen und zusammen ins Krankenhaus zu gehen. Was für ein eigenartiger, doch schöner Zufall.

Ein heftiges Gewitter entlud sich über Kenosha, als wir im Restaurant ankamen. Es schien unserem Essen eine bedrückende Atmosphäre zu verleihen. Ich freute mich, mit meiner Mutter zusammen zu sein, doch ich fühlte mich irgendwie deprimiert. Sie und Andy fühlten sich genauso, und wir sprachen kaum während des Essens. Doch ich erinnere mich, dass meine Mutter Andy mehrere Male nach seinem Nachnamen fragte.

Als wir im Krankenhaus ankamen, saß meine Großmutter im Bett und sah normal aus. Wir waren erstaunt über ihren Elan. Sie sollte den nächsten Tag entlassen werden, und meine Mutter wunderte sich, warum sie diese lange Reise gemacht hatte. Ich küsste sie zum Abschied und ging mit Andy zu einer Party mit meinen früheren Mitarbeitern.

Die Party war auch kein Aufsteller. Alle waren deprimiert. Es war nicht möglich, gegen die allgemeine Lethargie anzukommen. Andy kam mehrere Male zu mir, um mir zu sagen, dass wir das Haus seiner Eltern am nächsten Morgen um 7 Uhr verlassen müssten, damit er an seinem ersten Tag im neuen Job pünktlich zurück in Evansville wäre. Nachts um 1.30 Uhr war ich erschöpft.

»Lass uns zu meinen Eltern gehen,« sagte Andy. »Wir müssen morgen um 7 Uhr aufbrechen.«

Als ich alle zum Abschied umarmte, fingen einige der ehemaligen Mitarbeiter an zu weinen. Ein Mädchen sagte: »Jill, wir werden dich nie wiedersehen.« Das fand ich nun nicht gerade zutreffend.

»Ich werde euch besuchen, habt keine Sorge. Wir werden bald wieder zusammenkommen«, versicherte ich. Ich konnte nicht verstehen, warum sich alle so merkwürdig verhielten.

Ich war froh, als ich bei Andys Eltern endlich ins Bett fallen konnte. Ich schaute auf die Uhr. Zwei Uhr morgens. Ich hörte ein Klopfen an der Tür, und Andys Mutter kam herein. »Deine Mutter ist am Telefon.«

Ich war sicher, dass etwas mit meiner Großmutter passiert sein musste. Andys Mutter brachte mich zum Telefon in ihrem Schlafzimmer. Meine Mutter war außer sich. »Du darfst auf keinen Fall morgen mit Andy abreisen!« Meine Mutter hatte gerade einen intensiven Traum in leuchtenden Farben gehabt. Eine Frau kam an die Tür und sagte: »Ihre Tochter und mein Sohn haben einen schrecklichen Unfall gehabt. Mein Sohn lebt, aber ihre Tochter ist umgekommen!«

Meine Mutter setzte sich im Bett auf und überlegte mit dem Instinkt eines Killers, wie sie mich finden könnte. Sie erinnerte sich, dass sie sich beim Abendessen nach Andys Nachnamen erkundigt hatte, kramte das Telefonbuch hervor und fand die Nummer. Sie sagte, sie hätte sich die ganze Nacht an die Autobahn gestellt, um mich von der Fahrt abzuhalten.

Ich ging zu Andy und sagte ihm, wir könnten nicht um 7 Uhr abfahren. Er sah blass und verwirrt aus. Auch er empfand eine schreckliche Furcht vor der Fahrt. Wir stellten fest, dass das ganze Wochenende von einem Untergangsgefühl überschattet gewesen war.

Andy fuhr am nächsten Morgen um 8 Uhr los, um die verhängnisvolle Kette, die zu einem Unfall führen konnte, zu durchbrechen. Meine Mutter kam von Kenosha, um mich abzuholen und nach Evansville zu fahren. Als Andys Mutter die Tür öffnete, hielt meine Mutter den Atem an. Andys Mutter war die Frau aus ihrem Traum!

Ich weiß, dass Engel das Wochenende über am Werk waren und dass ich noch nicht im Alter von 23 Jahren sterben sollte. Immer wenn ich über etwas down bin, denke ich an Gottes Führung. Es gibt keine Zufälle. Wir sind niemals allein.

Aus dem Gefahrenbereich herausgenommen

VON MARY JO BERLON

Vor etwa zehn Jahren lief ich mit meinen beiden kleinen Kindern auf dem Bürgersteig einer Straße in einem Vorort von Cicinnati. Meine Kinder waren etwa viereinhalb Meter vor mir, als ich einen Lieferwagen bemerkte, der im gleichen Moment rückwärts in eine Auffahrt fuhr, in dem meine noch nicht schulpflichtigen Kinder diese überquerten. Das Ganze ging so schnell, dass meine Tochter ohne göttliches Eingreifen keinerlei Chance gehabt hätte, dem Lieferwagen auszuweichen.

In dem Augenblick, in dem meine Tochter die Auffahrt überquerte, schrie ich »Nein!« Ich blieb erstaunt stehen, als ich bemerkte, dass meine Tochter sich außerhalb der Auffahrt befand und in den Vorgarten plumpste! Der Lieferwagen hatte sie nicht erfasst. Ihr war nichts passiert! Ich hoffe, dass ich daran dachte, ihren Engeln zu danken, dass sie ihr an dem Tag geholfen haben.

Engel existieren wirklich

VON ANONYM

Ich lebte in einer sehr kleinen Stadt in Missouri. Ich ging fast überall zu Fuß hin. Ich ging zu Fuß, weil ich kein Auto hatte. Eines Nachmittags besuchte ich eine Freundin. Ich blieb viel länger, als ich wollte, und es wurde dunkel draußen. Ich bat meine Freundin, mich nach Hause zu bringen. Doch sie konnte oder wollte nicht.

So musste ich in der Dunkelheit eine zweispurige Landstraße entlanglaufen. Auf der rechten Seite dieser Straße war ein schmaler Fußgängerstreifen, und dann fiel ein Hang etwa einen Meter tief ins Gras ab. Auf der linken Seite war das Gleiche. Damit mich die Autofahrer sehen, dachte ich, es wäre das Sicherste, wenn ich mehr zur Straßenmitte hinginge. Ich sah Scheinwerfer und wollte auf den Fußgängerstreifen der Straße ausweichen.

In dem Moment fühlte ich einen heftigen Schlag gegen meinen Rücken. Ein Laster mit großen Seitenspiegeln fuhr an mir vorbei. Als ich mich von dem Stoß erholte, realisierte ich, dass ich von dem Laster mitten auf meinem Rücken getroffen worden war. Der Laster fuhr mindestens 50 Kilometer in der Stunde, als er mich traf.

Ich weiß, dass ein Engel zwischen mich und diesen Laster kam. Wie sonst soll man sich die Tatsache erklären, dass ich nicht einmal einen blauen Fleck davontrug oder in irgendeiner Weise verletzt worden war? Engel existieren wirklich, sie wachen allezeit über uns.

10. KAPITEL

ENGELSTIMMEN, DIE LEBEN RETTEN

Von einer Stimme gerettet

VON VERLAIN LANE

Es war Winter. Das Wetter in Kansas war an diesem Tag kalt und klar. Ich hatte einen Arzttermin in dem zwei Stunden von meinem Haus entfernt gelegenen Krankenhaus.

Mein zwei Jahre alter Sohn saß auf dem Beifahrersitz unseres Toyota Allrad, Baujahr 1986. Ich bemerkte, dass der Himmel sich bewölkte und verdunkelte, obwohl es noch vor einer Stunde sonnig gewesen war, als wir losfuhren. Bevor wir auf die Interstate 70 fuhren, war es, als fiele ein dichter Vorhang vor uns herunter.

Ich war überrascht, dass es so heftig schneite, dass ich nichts mehr sehen konnte. Ich fuhr langsamer und überlegte, ob ich nicht besser umkehren und nach Hause fahren sollte. Doch ich fuhr weiter, weil ich über zwei Monate auf diesen Termin gewartet hatte. Außerdem hatten wir schon beinahe die Hälfte des Weges hinter uns. Ich fuhr also langsamer und kroch die Straße entlang, bis wir zur Autobahnauffahrt gelangten, denn ich war mir sicher, dass es jede Minute aufklaren würde. Doch das tat es nicht.

Kurz nachdem wir auf der Interstate 70 Richtung

Osten entlangfuhren, sah ich überall neben der Fahrbahn liegen gebliebene Autos, und die Achtzehntonner fuhren im Kriechtempo. Ich hatte den Allradantrieb angeschaltet und sagte zu meinem kleinen Sohn, dass mit uns nichts passieren würde. Ich musste über eine Brückenüberführung, und als ich mit den Rädern auf die Fugen des Straßenbelags kam, fing der Toyota auf dem Eis an zu rutschen.

Als er ins Schleudern geriet, war das Letzte, was ich sah, dass mein Kind seinen Sicherheitsgurt gelöst hatte! Ich streckte meine rechte Hand nach ihm aus und griff sein linkes Handgelenk, während ich mit meiner linken Hand gegensteuerte. Ich konnte nicht die Kontrolle über das Fahrzeug bekommen, aber ich konnte auch nicht meinen kleinen Sohn loslassen.

Ich hörte eine männliche Stimme deutlich sagen: »Halte den Jungen fest, lass das Lenkrad los und schließe deine Augen.« Ich nahm mir keine Zeit, darüber nachzudenken, wer zu mit gesprochen hatte; ich tat einfach, was mir gesagt wurde.

Als ich meine Augen öffnete, zog ein Mann mit einem Ruck meine Fahrertür auf und fragte, ob ich in Ordnung wäre. Unser Toyota war über die Leitplanke geraten und die gesamte Länge des Betonstreifens entlanggeschlittert, als führe er auf Schienen. Ich versicherte dem fremden Mann, dass uns nichts passiert wäre, und er sagte, er würde Hilfe holen. Das Verwunderlichste von allem aber war, dass mein Wagen nicht eine einzige Beule oder Kratzer hatte!

Die ersten Worte meines Kleinen waren: »Wow, Mama.« Dabei klatschte er in die Hände. Während ich auf die Hilfe wartete, versuchte ich herauszufinden, wer mir diese Worte gesagt hatte, als mein Auto mir außer Kontrolle geriet. Es war die heiterste, festeste männliche Stimme, die ich je gehört hatte. So ruhig und besänftigend. Ich dachte daran, dass ich getan hatte, was mir gesagt wurde, und ich fühlte mich von einem Gefühl des Friedens und der Liebe umhüllt. Es war, als würden mein Sohn und ich in einer riesigen Umarmung festgehalten.

Wir kamen noch zu meinem Arzttermin, und als ich dem Arzt (der ein Golfpartner unseres Familienpfarrers war) erzählte, was passiert war, sagte er: »Ist Ihnen klar, dass Sie heute einem Engel begegnet sind?« Ich konnte nur nicken.

Obwohl es diesen Monat 14 Jahre her sind, werde ich die liebevolle Führung, die mir an diesem eisigen Märzmorgen zuteil wurde, nie vergessen.

Arthurs Engel

VON JENNY LEAMON

Als ich eines Tages zur Arbeit eilte, hörte ich eine klare Stimme, die zu mir sagte: »Fahr' langsamer«, und ich fuhr langsamer. Nach etwa zwei Kilometern wurde ein älterer Mann, der auf einem Fahrrad fuhr, von dem Auto vor mir erfasst. Das Rad und der Radfahrer kamen genau vor meinem Auto zu Fall. Da ich der Stimme gehorcht hatte, hatte ich genügend Zeit anzuhalten, ohne den Mann zu verletzen.

Ich sprach mit dem Mann, der mir sagte, sein Name wäre Arthur. Arthur erzählte mir, dass er, seit seine Schwester im vorangegangenen Jahr gestorben wäre, sieben Erfahrungen von göttlicher Intervention gemacht hätte. Arthur hatte seiner Schwester extrem nahe gestanden, und er wusste, dass sie an diesem Tag sein Engel gewesen war. Manchmal denke ich, Arthur war *mein* Engel gewesen, aufgrund all dessen, was ich aus dieser Erfahrung lernte.

Danke, lieber Gott, für die Engel

VON REBECCA THRASHER

Ich fuhr früh von meiner Arbeit nach Hause. Ich fühlte mich völlig überfordert. Mein jüngster Sohn, Tyler, lag krank zu Hause, und ich sollte am nächsten Tag heiraten. Ich fühlte mich völlig unvorbereitet. Und zu allem Überfluss hatte ich auch noch Gäste im Haus, die zur Hochzeit gekommen waren.

Tylers Arzt hatte gesagt, dass er an einer Viruserkrankung litte, und den ganzen Tag hatte mein Sohn mich immer wieder angerufen, um mir zu sagen, dass er sich zunehmend schlechter fühlte. Ich fragte mich, ob ich mit ihm die Notfallambulanz aufsuchen müsste. Ich rief seinen Arzt an, der sagte, sein Befinden wäre Teil der Viruserkrankung. Ich fragte mich: »*Sollte ich mit Tyler nicht trotzdem in die Klinik fahren?*« Ich wollte bei der Krankheit meines Sohnes nichts versäumen. Doch andererseits hatte ich an dem Abend noch so viel zu erledigen, und der Doktor hatte mir versichert, das Befinden Tylers wäre normal.

In dem Moment hörte ich eine Stimme ernst und laut sagen: »Es ist sein Blinddarm!« Deshalb brachte ich Tyler in die Klinik. Der Arzt fing an, mir zu sagen, dass er glaubte, dass es eine Viruserkrankung ist, doch ich erwiderte, ich wollte nur sicher sein, dass es nicht sein Blinddarm wäre. Er machte eine weitere Untersuchung und holte dann einen anderen Arzt, der das Gleiche tat. Sie schickten uns anschließend ins Krankenhaus, um einen Chirurgen aufzusuchen. Tyler wurde noch in der gleichen Nacht der Blinddarm entfernt, bevor es zum Durchbruch kam. Ich danke Gott und Seinen Engeln, dass sie das Leben meines Sohnes gerettet haben.

Vor Schaden bewahrt

VON DIANE SMITH

Eines Morgens gegen 5.30 Uhr befand ich mich, als ich zur Arbeit fuhr, auf einer Straße, die durch Wälder führte. Es gab dort kein Licht, nur die Scheinwerfer der Autos. Plötzlich hörte ich eine Stimme, die mir sagte, ich solle bremsen. Ich tat dies, und aus den Wäldern erschien direkt vor meinem Auto ein großes Reh.

Als ich wieder losfahren wollte, hörte ich die gleiche Stimme sagen, dies nicht zu tun, weil da noch ein anderes Reh wäre. Ich hielt also wieder an, und aus den Wäldern kam ein anderes großes Reh.

Wenn ich nicht beide Male auf die Stimme gehört hätte, hätte ich das Reh getroffen und mich vielleicht auch dabei verletzt. Ich weiß, das war mein Schutzengel, der mich vor Schaden bewahrte. Jetzt höre ich immer auf diese Stimme.

Engel des weißen Lichts

VON JIM ST. ONGE

Das Wetter war an dem Tag scheußlich in Neuengland. Schnee, Graupelschauer, frostiger Regen. Eklig! Ich machte Besorgungen, und auf der Heimfahrt wurde der Straßenzustand immer schlechter. In einiger Entfernung vor mir konnte ich zwei Polizeiautos sehen und einen Wagen, der in einen Telegraphenmasten gefahren war.

Ich fuhr langsamer, doch mein Auto fing an zu schlittern und sauste auf die anderen Wagen zu. Ich visualisierte schnell, dass mein Auto von weißem Licht umgeben ist und schrie im Geiste nach den Engeln, sie mögen meinen Wagen unter Kontrolle bringen. Plötzlich hörte ich eine Stimme sagen: *»Nimm deinen Fuß von der Bremse!«*

Ich folgte der Anweisung, und wunderbarerweise wurde das Auto, das gerade außer Kontrolle geraten wollte, langsamer und kam zum Stehen, bevor es zu einem Zusammenprall mit dem Polizeiauto kommen konnte. Als ich langsam an der Unfallstelle vorbeifuhr, schickte ich dieser Frau, die Gott sei Dank unverletzt schien, viele Engel.

Ich danke meinen Engeln vielmals für ihre Hilfe in dieser Situation. Die Engel retteten mich vor möglichen Verletzungen!

»*Laufe langsamer*«

VON ARLENE MARTIN

Ich jogge abends am Michigansee entlang. Eines Abends sagte mir eine »Stimme«, als ich rannte, ich sollte langsamer laufen. Ich hörte nicht darauf. Ich joggte ein paar Meter weiter, da hörte mein Pedometer auf zu arbeiten. Ich hörte auf zu laufen, um ihn neu einzustellen. Als ich weiterlief, hörte ich wieder die Stimme, die mir sagte, ich sollte langsamer laufen. Ich ignorierte die Stimme, und wieder hörte mein Pedometer zu arbeiten auf. Ich lief langsamer, um meinen Pedometer in Gang zu setzen, und joggte in langsamerem Tempo weiter.

Einige Minuten später passierte direkt vor mir, wo ich joggte, ein Unfall zwischen zwei Autos. Eines der Autos flog durch die Luft und landete etwa fünfeinhalb Meter vor mir direkt auf dem Joggingpfad. Wäre ich nicht langsamer gelaufen, wäre ich von dem Auto getroffen worden. Seit diesem Tag *weiß* ich, es war mein Engel.

Gott sei Dank, dass ich gehört habe

VON DEBBIE HOSKIN

Mein Sohn Jason hatte gerade seinen Führerschein gemacht. Es war ein Sonntagnachmittag, und er fragte, ob wir mit dem Auto fahren könnten. Ich dachte, das wäre eine gute Gelegenheit, mit ihm Zeit zu verbringen, daher stimmte ich zu und ließ ihn fahren. Wir waren etwa 20 Minuten auf der Landstraße gefahren. Jason fuhr gut, ich begann mich zu entspannen und mir die Landschaft anzuschauen. Ich entspannte mich sogar sehr und vergaß, dass mein unerfahrener 17-jähriger Sohn am Steuerrad saß.

Plötzlich sagte mir etwas, mit der Tagträumerei aufzuhören. Es sagte: »*Pass auf deinen Auto fahrenden Sohn auf.* »Dann sah ich wie bei einem lebhaften Tagtraum wie eine Vision ein rotes Auto aufblitzen, das uns aus einer Kurve kommend auf unserer Spur entgegen kam. Ich schenkte dem keine große Aufmerksamkeit, doch ich gab dem starken Gefühl nach, meinen Sohn zu instruieren, was er im Falle eines drohenden Frontalzusammenstoßes machen müsste. Er hörte aufmerksam zu und wiederholte die Instruktionen.

Innerhalb der nächsten Minute raste ein kleiner roter Wagen um die Kurve der Landstraße, überholte ein langsamer fahrendes Auto und kam uns auf unserer Spur entgegen. Mein Sohn wusste genau, was er tun musste, um einen möglicherweise folgenschweren Unfall zu verhindern. Mir war klar, dass wir von einem Schutzengel gewarnt worden waren. Ich brachte meine Dankbarkeit mehrmals an diesem Tag zum Ausdruck und schwor, stets auf meine Intuition zu hören.

Von einem Erdengel gerettet

VON LOREIN CIPRIANO

Ich fuhr auf der Route 8 von Torrington, Connecticut, nachdem ich einen Freund in Waterbury, wo ich wohne, besucht hatte. Es war spät, etwa 1 Uhr nachts. Die Straße war sehr dunkel.

Plötzlich sah ich ein parkendes Auto am Straßenrand. Eine Stimme sagte zu mir: »Halt! Halt!« Normalerweise würde ich nie auf einer so dunklen Straße wie dieser anhalten, doch die Stimme erzeugte ein solches Gefühl von Dringlichkeit in mir, dass ich in die Bremsen trat und vor das andere Auto fuhr.

Ich blickte nach hinten und sah eine Frau, die aus dem Beifahrersitz des Autos sprang und auf meines zulief. Der Fahrer ihres Autos, ein Mann, stieg auch aus. Die Frau kam an die vordere Beifahrerseite meines Autos. Und wieder hörte ich die Stimme: »Lass sie einsteigen!«

Ich öffnete die Beifahrertür, und die Frau, die weinte, stieg ein. Dann erschien der Mann auf meiner Seite des Autos und fing an, gegen die Scheibe zu schlagen. Die Stimme sagte: »Fahr!« Ich setzte den Fuß aufs Gaspedal und preschte davon, so schnell ich konnte. Die Frau sagte mir, dass sie bis spät in einer Fabrik gearbeitet hatte. Die Person, die sie abholen und nach Hause bringen sollte, erschien nicht, und dieser Mann (der auch in der gleichen Fabrik arbeitete) hatte ihr angeboten, sie mitzunehmen.

Doch auf der Heimfahrt hatte er das Auto angehalten und versucht, sie sexuell zu belästigen. Sie versuchte ihn abzuwehren, als mein Auto vor ihrem hielt. Sie war gelinde gesagt dankbar, und ich schreibe diese Hilfe ihren und meinen Engeln zu. Ich glaube wirklich und wahrhaftig, dass Gott zu uns spricht und uns durch Seine Engel führt.

Eine lebensrettende Warnung

VON JANE ANNE MORGAN

Letztes Jahr wurde ich vom Piepen meines CO_2-Detektors (ein Gerät, das anzeigt, wenn Gas ausströmt) geweckt. Ein paar Tage vorher hatte mein Nachbar, der im gleichen Haus direkt nebenan wohnte, eine ähnliche Situation erlebt. Dabei kam heraus, dass unsere beiden CO_2-Detektoren in der gleichen Woche Funktionsstörungen hatten.

Auf jeden Fall war ich in dieser Nacht so schläfrig, dass ich nur aufstand, um den Detektor auszuschalten, damit das Piepen aufhörte. Ich dachte, ich würde am nächsten Morgen, wenn ich wach war, genauer schauen, was los war. Doch dann klingelte das Telefon. Als ich den Hörer hochnahm, hörte ich eine aufgezeichnete Stimme sagen: »Sie haben ein R-Gespräch aus …«, und dann sagte eine wirklich tiefe, verwässerte Stimme: »Sie sind orange«, wobei sie die Worte gedehnt aussprach.

Im Moment, in dem ich diese Worte hörte, wusste ich innerlich sofort: »Ich habe meinen Gasherd angelassen!« Wenn Gas gefährlich wird, brennt die Flamme orange. Ich rannte in die Küche, wo ich feststellte – ja, ich hatte den Gasherd angelassen. Mein CO_2-Detektor hatte also keine Funktionsstörung gehabt. Er hatte mich korrekt gewarnt. Ich wäre wahrscheinlich innerhalb von zwei Stunden tot gewesen, wenn der Anruf mich nicht vor der Gefahr gewarnt hätte.

Doch wo kam der Anruf her? Da es sich um ein R-Gespräch gehandelt hatte, wartete ich, bis die Telefonrechnung mit der Post kam. Die Nummer des Anrufers würde dort eingetragen sein. Die Telefonrechnung zeigte, dass der Anruf um 4.45 Uhr in der Frühe von einem Ort in Dennison in Texas gekommen war. Ich lebe in Oklahoma.

Ich rief unter der Nummer an, und es meldete sich das Cardinal Motel. Der Manager sagte, es gäbe keine Möglichkeit, festzustellen, wer in dieser Nacht angerufen hatte. Wie aber konnte jemand wissen, dass ich meinen Gasofen angelassen hatte? Wer immer angerufen hat in der Nacht, er hat mein Leben gerettet, und ich glaube, dass es ein Engel war.

Von meinem Schutzengel gerettet

VON ALISON CLARKE TAYLOR

Ich war etwa 20 Jahre alt, und ich war auf einer sehr engen, kurvigen Landstraße auf dem Weg nach Hause. Diese Straße wand sich an Bäumen vorbei und führte über einen unübersichtlichen Hügel. Ich näherte mich diesem Hügel stets mit großer Vorsicht und hielt mich ganz rechts, denn auf der Straße gab es nach oben gehende Böschungen, wodurch zwei Autos nicht viel Platz hatten, aneinander vorbeizukommen.

Eines Tages hörte ich, als ich mich gerade dem Hügel näherte, eine Stimme sagen; »Fahr an die Seite und halte an.« Ich war alleine im Auto. Ich fühlte, wie das Steuerrad nach rechts gedreht wurde, also gehorchte ich der Stimme. Ich saß etwa zwei Sekunden da und wunderte mich, warum ich angehalten hatte – etwas, was ich in den Hunderten von Malen, die ich diese Straße passierte, noch nie getan hatte.

Während ich noch in meine Überlegungen versunken war, warum ich rechts an die Straße gefahren war, raste eine Frau in einem großen Auto sehr sehr schnell über den Hügel, wobei sie die ganze Straße einnahm. Ich wäre wahrscheinlich getötet oder schwer verletzt worden, wenn ich mit ihr einen Frontalzusammenstoß gehabt hätte. Ich glaube, dass mein Leben an dem Tag von meinem Schutzengel gerettet wurde.

Eine dringende Nachricht

VON DENISE JONES

Als ich zehn Jahre alt war, hatte ich eitrige Mandeln, die durchbrachen, und war sehr krank und hatte Probleme beim Atmen. Meine Mutter beschloss, einen elektrischen Ozonzerstäuber an mein Bett zu stellen und den Dampf auf mein Gesicht zu leiten, in der Hoffnung, dass mir dies das Atmen erleichtern würde. Sie nahm etwas Zeitungspapier und legte es über den Zerstäuber und dann über mein Gesicht, um den Dampf auf mich zu lenken.

Mein Bett wurde gegen die Wand geschoben, und ich fühlte, wie jemand zwischen mir und der Wand in mein Bett kroch. Ich war froh, weil ich dachte, es wäre meine Mutter, die gekommen war, um sich mit mir hinzulegen. Ich drehte mein Gesicht zur Wand, um ihr »Hallo« zu sagen, stellte aber fest, dass ich dort niemanden sehen konnte. Doch ich fühlte immer noch ein Gewicht, das sich an meine rechte Seite presste.

Dann hörte ich die Stimme eines Mannes in mein rechtes Ohr sprechen: »Drehe dein Gesicht zur Wand, und das Papier wird dein Gesicht nicht verletzen.« Ich sagte laut: »Nein. Ich habe Angst, dass der Zerstäuber austrocknet, und ich weiß, dass meine Mutter jede Minute hier sein wird, um ihn zu holen.«

Ich blieb liegen wie vorher, und die Stimme sagte ein zweites Mal, jetzt ein bisschen dringlicher: »Drehe dein Gesicht zur Wand, und das Papier wird dein Gesicht nicht verletzen.« Wieder sagte ich, alles wäre so in Ordnung, und ich wartete lieber, bis meine Mutter zurückkäme. Plötzlich schrie er im lautesten Ton, den ich je gehört hatte, in mein Ohr: »DREHE SOFORT DEIN GESICHT ZUR WAND!«

In diesem Moment drehte ich meinen Körper zur Wand, und dabei zog meine Schulter das Papier von dem Zerstäuber. In der gleichen Sekunde kam eine etwa einen Meter hohe Stichflamme aus dem Gerät, genau in dem Augenblick, als meine Mutter den Raum betrat. Wenn das Zeitungspapier Feuer gefangen hätte, wäre ich nicht in der Lage gewesen, es rechtzeitig genug beiseite zu ziehen, um zu verhindern, dass mein Gesicht verbrannt würde.

Ich sagte meiner Mutter, dass ich wusste, dass irgendetwas passieren würde, und erzählte ihr von dem Mann, der mit mir im Bett gewesen wäre. Sie sagte mir, ich sollte immer auf diese Stimme hören, weil es die Stimme meines Schutzengels wäre und er da wäre, um mich zu beschützen und zu führen. Dies war meine erste Begegnung und persönliche Erfahrung mit ihm, und das hat mein Leben verändert. Ich fühle, dass er stets um mich ist, und ich freue mich, wenn er zu mir spricht.

Die Krankenschwester, die mit Engeln spricht

VON ANONYM

Ich bin Krankenschwester und arbeitete 1989 in der Nachtschicht im Stanford Hospital. Die einzig wirksame Methode, mit den monatlichen Tages- und Nachtschichten zurechtzukommen, war für mich, zu beten, bevor ich zur Arbeit ging, denn ich arbeitete manchmal 24 Stunden an einem Stück. Ich bat um göttliche Hilfe, dass die Nacht gut verlief und ich in der Lage sein würde, sicher und souverän zu helfen, wenn etwas sein sollte.

In einer bestimmten Nacht hörte ich, als ich in das Zimmer eines Patienten ging, eine Stimme, die mir sagte, ich sollte ans andere Ende des Flurs gehen und nach einem meiner anderen Patienten sehen. Ich dachte bei mir: *»Ich habe doch gerade erst nach ihm gesehen, Er schlief, und es ging ihm gut.«* Normalerweise sah ich bei den nächtlichen Runden alle zwei Stunden nach den Patienten, und diesen Patienten hatte ich gerade vor 45 Minuten gesehen.

Ich sann über die Stimme nach, und mein Verstand sagte mir: *»Aber ich war doch gerade erst bei ihm.«* Doch die Stimme insistierte. Schließlich beschloss ich: *»Okay, ich schaue noch einmal nach ihm.«* Ich legte die Medikamente des anderen Patienten ab und lief den langen Flur entlang bis in das Zimmer dieses speziellen Patienten. Er schlief. Deshalb legte ich meine Hand auf seine Brust und fragte ihn, ob alles in Ordnung wäre. Als meine Hand ihn berührte, fühlte ich etwas Feuchtes. Daher drehte ich das Licht an. Ich stellte dann fest, dass er stark aus einer Stelle blutete, aus der die vorherige Schicht Stunden vorher einen Katheter herausgezogen hatte!

Ich legte sofort einen Druckverband an. Ich fragte den Patienten, ob er Schmerzen hätte oder wüsste, dass er blutete, und er sagte, nein. Er dämmerte dahin! In dem Moment wusste ich, dass ich nur durch göttliche Führung im rechten Augenblick auf die starke Blutung aufmerksam geworden war. Ich war sehr dankbar und höre seitdem wirklich auf die Führung meiner Engel.

Die Führung eines Engels sorgte für meine Sicherheit

VON MARTIN W. ACEVEDO

Im März 1997 kam ich eines Abends erst zur Schlafenszeit nach Hause. Ich war sehr müde und freute mich schon darauf, mich ins Bett zu legen. Als ich ins Haus ging, hörte ich eine Stimme direkt zu mir sagen: »Gehe jetzt nicht ins Bett.« Es war weder eine weibliche noch eine männliche Stimme, und sie war weder drohend noch sanft. Es war nur eine ruhige Anweisung.

Ich bin Presbyter einer Kirche, die die spirituellen Überzeugungen des Ostens und Westens respektiert, und bin so erzogen worden, die Engel um ihre Hilfe zu bitten. Deshalb erschien mir die Stimme, die ich vernommen hatte, nicht als etwas Ungewöhnliches. Ich rief nur laut aus: »Okay«, und beschäftigte mich eine Weile im Wohnzimmer. Bald fühlte ich, dass, was immer geschehen würde, bald geschehen würde. In diesem Augenblick hörte ich ein mit Unterbrechungen auftretendes summendes Geräusch aus der Küche.

Ich lief in die Küche und sah, dass der Elektroanschluss meines Kühlschranks Feuer gefangen hatte und die Flammen an der Küchenwand hochschlugen! Ich hatte zu der Zeit ein älteres Haus gemietet, und die Elektroanschlüsse oder -leitungen waren wahrscheinlich überaltert. Ich konnte nur denken »Wow«, denn ich wusste nun, warum ich so rechtzeitig diese Botschaft bekommen hatte. Ich löschte das Feuer mit einem kleinen Löschgerät, das ich in der Nähe der Küche aufbewahrte.

Als ich später über diesen Zwischenfall nachdachte, sagte ich glücklich zu meinem unsichtbaren Freund: »Danke.« Danach erhielt ich, als ich zu meinem Schlafzimmer ging, eine weitere Botschaft von meinem Schutzengel: »Überprüfe deinen Rauchmelder.«

Ich griff hoch an die Decke und prüfte den Rauchmelder in der Nähe meines Schlafzimmers und stellte fest, dass die Batterie leer war. Hätte ich mich nicht auf die Botschaft meines Schutzengels eingelassen, wäre ich wahrscheinlich durch den Küchenbrand umgekommen.

Ich bin für die Beziehung, die zwischen Himmel und Erde besteht, sehr dankbar. Dadurch können wir alle hier unsere heiligen Pflichten erfüllen. Ich hoffe, dies inspiriert andere dazu, für ihre Engelsfreunde offen zu sein.

Engel wachen über mich

VON AZAYA DEUEL

Meine erste Erfahrung mit Engeln hatte ich, als ich vier Jahre alt war. Meine Brüder, Bobby und Billy, und meine Schwester Anne und ich waren in einem Park in Azusa in Kalifornien in der Nähe unseres Hauses. Während meine Geschwister mit Freunden an einem Ende des Parks spielten, lief ich zum Brunnen, der sich am anderen Ende des Parks befand.

Ein Mann kam auf mich zu und fragte, ob ich Bonbons wollte. Ich fragte, ob ich auch welche für meine Brüder und meine Schwester bekommen könnte. Er sagte ja und forderte mich auf, ihm hinter ein Gebäude bei den Parkplätzen zu folgen, er würde mir dort alle Bonbons geben, die ich wollte. Ich hatte die Absicht, mit ihm zu gehen, denn ich wollte wirklich ein paar Bonbons.

Doch als ich mit ihm losgehen wollte, hörte ich eine Stimme sagen: »Du musst deinen Brüdern und deiner Schwester sagen, wohin du gehst.« Ich wiederholte dem Mann, was ich gehört hatte, doch er versuchte mir einzureden, dass dies nicht nötig wäre, da wir ja nur ein paar Minuten fort sein würden. Ich bestand darauf, dass ich es ihnen sagen müsste, und dann tat ich, als würde ich in ihre Richtung gehen, und konnte die Aufmerksamkeit meines Bruders gewinnen. Er rief von der anderen Seite des Parks nach mir und fragte, wohin ich ginge. Ich sagte ihm, ich ginge mit einem netten Mann mit, um für uns alle ein paar Bonbons zu bekommen. Als ich mich umdrehte, war der Mann verschwunden. Die anderen Kinder kamen herbeigerannt und schauten auf dem Parkplatz nach, doch der Mann war nirgends zu finden. Danach behielten sie mich eng bei sich.

Später an diesem Abend kam die Polizei in unser Haus und stellte eine Menge Fragen. Es war in einer Zeit, Ende 1949, in der viele Entführungen passierten. Glücklicherweise intervenierte mein Engel. Und was ein noch glücklicherer Umstand ist, ich hörte ihn und gehorchte!

Auf den Flügeln von Engeln

VON AZAYA DEUEL

Mein Mann, Dan, war Pilot und Fluglehrer und besaß ein eigenes Flugzeug. Eines Tages starteten Dan und ich von einem Flugplatz in La Verne in Kalifornien und flogen über die Big Bear Mountains des südlichen Kaliforniens. Es war ein unglaublich schöner Tag, und alles lief gut. Plötzlich fing der Motor der Maschine an zu stottern und setzte aus.

Dan versuchte alles, was ihm in den Sinn kam, doch nichts half. Daher fing er an, nach einem Platz für eine Notlandung Ausschau zu halten. Es sah nicht besonders gut aus für uns. Ich wusste nichts über Flugzeuge, und Dan sprach niemals mit mir über Flugzeuge und darüber, wie sie funktionieren. Ich sah mein Leben bereits wie einen Film vor meinen Augen ablaufen. Es war genauso, wie man es immer in Büchern liest.

Dann hörte ich eine Stimme sagen: »Vergaservorwärmung. Sag ihm, er soll die Vergaservorwärmung ziehen.« Also sagte ich dies. Ich schrie: »Vergaservorwärmung! Ziehe die Vergaservorwärmung!« Ich glaube, Dan war davon so geschockt, dass er sofort den Knopf der Vergaservorwärmung zog.

Ich denke, dass all das im Bruchteil von Sekunden oder Minuten passierte, aber es erschien mir wie eine Ewigkeit. Die Vergaservorwärmung zu ziehen half, und wir waren in der Lage, bis zum Flughafen zu gelangen und sicher zu landen!

Wie Dan mir später erklärte, war der Vergaser während Stürmen, die an Tagen davor tobten, vereist. Das Eis verhinderte, dass der Motor mit Treibstoff versorgt wurde. Nachdem die Situation unter Kontrolle war, schaute Dan mich an und sagte: »Woher wusstest du das?« Ich erzählte ihm von der Stimme des Engels. Ich denke nicht, dass er mir glaubte. Aber ich weiß ohne jeden Zweifel, dass die Engel an diesem Tag mit uns flogen und uns das Leben retteten.

11. KAPITEL

Engelstimmen bringen Trost und Hilfe

Alles geht nach höherem Plan

VON RUTH WINOCUR

Es war eine Zeit großer Verluste in meinem Leben. Meine Mutter war gerade gestorben. Sechs Wochen später starb mein Mann an einem starken Herzanfall. Ich blieb einsam und verlassen ohne irgendjemanden zurück.

Eines Abends, als ich weinte, hörte ich eine Stimme in meinem Kopf sagen: »Warum weinst du? Alles geht nach höherem Plan. Es gibt keinen Grund zu weinen, doch du kannst es tun, wenn du dich dabei besser fühlst.« Das war alles, was gesagt wurde, aber es wurde zu einem bedeutenden Wendepunkt in meinem Leben.

Es ist noch nicht Zeit

VON ANONYM

Ich hatte einen Autounfall, bei dem mein Körper aus dem Wagen geschleudert wurde. Zum Zeitpunkt des Zusammenpralls verlangsamte sich die Zeit, und mein Geist wurde ruhig und klar. Als ich aus dem

Auto flog, landete ich zuerst auf meinem Kopf und Hals, schnellte wieder hoch, flog durch die Luft und landete auf meinem Steißbein in sitzender Position mitten im Gegenverkehr. Von alldem bekam ich überhaupt nichts mit. Vielmehr fühlte ich mich, als säße ich in einem Kokon oder in einer Blase voller Licht. Als ich durch all das ging, stellte ich die Frage: »Werde ich sterben?« Mir wurde geantwortet: »Nein, es ist noch nicht Zeit.«

Ich hatte weder gebrochene Knochen noch innere Verletzungen. Ich weiß, dass meine Schutzengel da waren und mich schützten.

Sei zu jedem freundlich und liebevoll

VON IRENE WEINBERG

Es war ein zermürbender Monat mit viel beruflichem Ärger. Mein Mann Saul und ich waren endlich in unser Wochenenddomizil in den Bergen geflüchtet, um Ski zu fahren und uns zu entspannen. Wir befanden uns auf unserem Heimweg, als Saul am Steuer einschlief. Ich sah seinen besorgten Gesichtsausdruck in dem Moment, als er aufwachte und versuchte, das Auto am Schleudern zu hindern. Als der Wagen sich überschlug und eine Böschung herunterrollte, wusste ich irgendwie in meinem tiefsten Inneren, dass Saul aus dem Leben gegangen war.

Obwohl ich mit einer Decke zugedeckt war, zitterte ich vor Kälte, als ich auf eine Bahre gelegt, in einen Helikopter verladen und in die Notfallambulanz eines Krankenhauses geflogen wurde. Während dieser ganzen Tragödie war ich in der Lage, eine Stärke und Gelassenheit zu wahren, die mich erstaunte. Doch dies war aufgrund der himmlischen Botschaften möglich, die ich vor und während des Unfalls erhielt.

Zwei Monate vor Sauls Tod hörte ich, als ich in meiner Küche beschäftigt war, eine innere Stimme sagen: »Saul muss gehen. Er hat viele Leben berührt, und viele Lektionen werden aus seinem Tod gelernt.« Ich schauderte bei diesen Worten und wies sie von mir. Wie konnte ich nur so etwas *denken?*

Während des Unfalls hörte ich eine sehr deutliche, klare Stimme in meinem Kopf sagen: »Er wird es nicht schaffen. Du ja.« Es fühlte sich wie mein eigener Gedanke an, der mit einem großen Wissen zum Ausdruck gebracht wurde, doch gleichzeitig schien er auch von einem Ort außerhalb von mir zu kommen. Als unser Auto die Böschung herunterrollte, überschlug es sich dabei viermal, bevor es auf dem Dach liegen blieb. Dann fühlte ich, wie der Wagen herumgedreht wurde, und als ich von starken Armen aus dem Fenster gezogen wurde, hörte ich eine weitere Botschaft: »Sei zu jedem freundlich und liebevoll!«

Diese Botschaft durchströmte mich mit dem Nachdruck einer Anweisung. Ihre »Stimme« hatte einen unverkennbaren männlichen Ton, und dieses Mal gab es keinen Zweifel in meinem Kopf, dass diese Botschaft von außen kam. Das Letzte, was in meinem Gedächtnis blieb, als mein schwer verletzter Körper aus dem Auto geborgen wurde, in dem nun mein toter Ehemann lag, war: »Sei zu jedem freundlich und liebevoll!«

Diese letzte Botschaft klang tief in mir nach und gab mir in starker Weise zu verstehen, dass etwas Unglaubliches und Nichtirdisches geschah. Saul sollte gehen ... und ich sollte bleiben. Dies wurde mir bedeutet.

Vor unserem tragischen Unfall waren Saul und ich äußerst skeptisch allen spirituellen Dingen gegenüber. Wir dachten, man müsste verrückt sein, wenn man an den ganzen Kram glaubte. Doch nach dem Unfall und den Botschaften, die ich erhielt, erlebte ich eine Veränderung.

Eine tröstende Botschaft

VON PAM DAVIS

Ich war völlig durcheinander. Drei Wochen vorher war mein Baby, mein Sohn Ryan, am Plötzlichen Kindstod gestorben. Ich war beinahe eingeschlafen, als ich Schritte in meiner Küche hörte. Sie wurden lauter, als sie sich meinem Schlafzimmer näherten.

Doch statt einer Person, die läuft, sah ich einen grünen Nebel, der zur Ecke meiner Schlafzimmertür schwebte. Natürlich fürchtete ich mich! Dann hörte ich eine Stimme, die sofort beruhigend auf mich wirkte. Sie sagte, Ryan ginge es gut, und ich würde ihn eines Tages in der Zwischenwelt des Himmels wiedersehen. Irgendwie genügte das, um mir den inneren Frieden zu geben, weitermachen zu können.

Ich werde dieses Erlebnis niemals vergessen. Es war etwas, das mir Hoffnung gab. Ich glaube, es war ein Engel, der versuchte, mich zu beruhigen und meinen Schmerz zu lindern.

Mein bester Freund Raffy

VON JOHN CATALANO

Ich kam mit meinem besten Freund Raffy in Berührung, als ich Doreens Audiokassette »Divine Guidance« (Göttliche Führung) hörte. Als Doreen den Erzengel Raphael erwähnte, fühlte ich mich von ihm besonders angesprochen, obwohl sie auch einige andere Engel erwähnte. Ich ertappte mich dabei, dass ich immer an ihn dachte.

Ich fing an, ihn während des Tages um Hilfe zu bitten, und immer erhielt ich seine Hilfe. Ich begann, mich an den Erzengel Raphael unter »Raffy« zu wenden, und wir entwickelten eine sehr enge Freundschaft. Es vergehen selten mehrere Stunden am Tag, ohne dass er mir nicht in den Sinn kommt. Er hat mir so viele Male und auf so viele Weisen geholfen, dass ich nicht anfangen kann, alle Geschichten hier zu erzählen.

Doch etwas Besonderes passierte eines Tages, als ich ein Medium aufsuchte. Als sie damit begann, mir mein Reading zu machen, schaute sie mich verwirrt an. Sie sagte, jemand wäre mit mir im Raum und dass er *immer* bei mir wäre, doch sie könnte nicht feststellen, wer es wäre. Dann, nach einer langen Pause sagte sie: »Sein Name ist Ralphy.« Ich wusste, dass sie sich damit auf Raffy bezog! Er ist mein bester Freund, und ich wache jeden Morgen auf und gehe jeden Abend zu Bett und fühle mich sehr glücklich, dass er bei mir ist.

Engel der Straße

VON LAURIE JOY PINKHAM

Es war am Dienstag, den 22. April 1998. Ich fuhr nach New York City, um in einer Kirche in der Nähe der United Nations an den Great Experiment Gebets-Vigilien teilzunehmen. Als ich über die Anhöhe fuhr, hielt mich ein berittener Polizist an.

»Guten Morgen, Miss. Haben Sie eine Idee, wie schnell Sie gefahren sind?«

»Ja, habe ich. Ich habe meine Geschwindigkeitskontrolle auf 62 Meilen die Stunde eingestellt, nur ein bisschen über der Geschwindigkeitshöchstgrenze,« erwiderte ich mit einem freundlichen Lächeln.

»Madam, die Geschwindigkeitsgrenze liegt hier bei 40 Meilen in der Stunde. Sie haben sie um 22 Meilen überschritten!«, sagte er ungehalten.

»Das wusste ich nicht. Wo hat sich die Geschwindigkeitsgrenze geändert?«, fragte ich.

»Hinten bei der Ampel. Kann ich bitte Ihre Papiere sehen?«

Ich holte sofort meine Papiere aus dem Handschuhfach.

»Miss, wie sieht Ihr Fahrtenschreiber aus?«, fragte er.

In diesem Augenblick sprach eine leise Stimme in meinem Herzen sanft wie ein Engel zu mir. Sie sagte zu mir: »Laurie Joy, gib diesem Mann bitte ein Emissary of Light Rundschreiben (Sendbote des Lichts). Erzähle ihm von dem Great Experiment. Erzähle ihm von den Millionen von Leuten, die morgen für den Frieden beten und meditieren werden.«

Gewöhnlich höre ich auf meine innere Stimme. Aber diese Bitte schien mir doch zu seltsam angesichts dieser augenblicklichen Situation. Der Polizist kam zu meinem Auto zurück und händigte mir meine Papiere aus. Er sagte: »Weil Sie ehrlich waren, und weil ich denke, Sie können Ihr Geld für etwas Besseres verwenden, gebe ich Ihnen nur eine Verwarnung.«

»Was?«, fragte ich ungläubig, und Tränen der Dankbarkeit liefen mir über die Wangen. Ich langte nach hinten auf den Rücksitz, griff ein Rundschreiben über die Gebets-Vigilien und reichte sie ihm, während ich ihm kurz erklärte, worum es ging.

Der Polizist lächelte, dankte mir und winkte, als ich davonfuhr. Im Stillen dankte ich den Engeln.

Zwei Wochen später war ich im Rathaus, und derselbe Polizist kam auf mich zu und sagte: »Danke für Ihr Rundschreiben. Ich habe es gelesen, mir das Buch gekauft und mit Ihnen allen meditiert und gefühlt, dass es irgendwie eine Veränderung bewirkt. Was hat Sie veranlasst, mir dieses Rundschreiben zu geben?«

Ich gab ihm ohne zu zögern die ehrliche Antwort: »Die Engel der Straße haben das veranlasst – die Engel, die sich um jeden von uns kümmern, wenn wir da draußen sind und tun, was wir jeden Tag tun müssen. Danke für diese wundervolle Erfahrung. Ich bin froh, dass Sie mich an dem Tag angehalten haben.«

Wir können nie wissen, was uns jeder Tag bringen wird, wer in unser Leben treten wird oder wie wir etwas ein ganz klein wenig verändern können, selbst in schlechten Zeiten. Wir wissen es einfach nicht. Ich weiß, dass ich an dem Tag angehalten wurde, um jemand anderen auf seinen Weg zu helfen, und er hielt mich an, mir dabei zu helfen, genau das zu verstehen.

Ein Geschenk von Lou

VON CATHY

Ich war beim Einkauf, und aus dem Nichts kommend hörte ich eine Stimme in meinem Kopf sagen: »Gehe auf den Friedhof.« Ich wies den Gedanken ab und setzte meine Einkäufe fort. Wieder hörte ich die Stimme, dieses Mal viel nachdrücklicher: »Gehe heute zum Friedhof.«

»Okay«, erklärte ich mich geistig einverstanden. Doch dann fragte ich mich selbst: *»Welcher Friedhof? Und warum begebe ich mich dahin?«* Die Antwort, die ich hörte, war: »Fahre einfach zum Friedhof.«

Also fuhr ich zum nächsten Friedhof. Als ich durch die Tore fuhr, sah ich fünf verschiedene Straßen. Ich war noch nie vorher auf diesem Friedhof gewesen. Deshalb fragte ich mich selbst: »Wohin soll ich fahren?«

»Fahre einfach«, lautete die Antwort, die ich vernahm. Ich folgte den langen und kurvigen Straßen, bis ich die Stimme sagen hörte: »Fahre langsamer.« Während ich fuhr, las ich die Grabsteine, doch ich wusste immer noch nicht so genau, wonach ich suchte. Dann vernahm ich eine weitere Botschaft: »Lou.« Das war der Name vom Vater meines Freundes, der vor 11 Jahren gestorben war. Ich hatte ihn nie kennen gelernt.

Ich fuhr die Friedhofsstraßen hinauf und hinunter, doch ich konnte Lous Grab nicht finden. Daher beschloss ich, in die Friedhofsverwaltung zu gehen. Ich gabe ihnen Lous vollständigen Namen an und fragte, ob sie seine Grabstätte für mich finden könnten. Sie sagten, dass ich alleine nie in der Lage sein würde, das Grab von Lou zu finden. Deshalb erbot sich eine der Verwaltungsangestellten, mich zu dem Grab zu fahren, und ließ mich ihr in meinem Wagen folgen.

Ich konnte es kaum glauben, als sie mich genau an die Stelle zurückbrachte, an der ich gewesen war, als die Stimme mir sagte: »Fahre langsamer.«

Im Stillen lachte ich und fragte Lou: »Warum hast du mir nicht gesagt, ich solle den Wagen parken und laufen? Ich hätte dich schneller gefunden.« Das Gefühl des inneren Friedens, das ich hatte, während ich dort war und nachdem ich gegangen war, war übernatürlich. Ich weiß nicht, wie ich es beschreiben sollte. Doch ich bin froh, dass ich es dadurch erleben konnte, dass ich auf die Stimme gehört hatte.

Praktischer Rat von meinem Engel

VON SHEILA WINGERT

Ich habe meinen Schutzengel nur einmal zu mir sprechen hören, und das ist schon lange her. Ich studierte eines der Bücher einer Kollegin über Krankenpflege, als ich plötzlich aus heiterem Himmel eine Stimme sagen hörte: »Prüfe den Autoreifen.« Es war das erste Mal, dass ich meinen Engel so deutlich hörte. Ich ignorierte die Stimme und dachte, dass das Gesagte keinen Sinn ergab. Doch am nächsten Tag kam ich nach dem Unterricht auf den Parkplatz und sah, dass ich einen platten Reifen hatte. Seitdem habe ich meinen Engel nicht mehr gehört, aber ich fühle jetzt stets seine Nähe.

12. KAPITEL

Stimmen geliebter Verstorbener

Wiedersehen mit einem Haustier

VON PATRICIA GENETOS

Mein Vater ist erst kürzlich gestorben. Kurz bevor mein Vater starb, bat ich ihn, mich wissen zu lassen, ob es ihm gut ginge. Unerwarteterweise jedoch fürchtete ich mich, als ich mich an diesem Abend ins Bett im Hause meines Bruders legte, wo mein Vater im Raum darunter im Erdgeschoss gelitten hatte und gestorben war.

Das Nächste, was ich wusste, war, dass ich mich schläfrig fühlte, und eine angenehme Welle des Friedens überkam mich. Sie durchströmte mich von meinen Zehenspitzen bis zu meinem Kopf. Ich empfand in dem Moment eine große Freude und hörte diese acht Worte: »Ich habe Misty gefunden. Was hältst du davon?« Es war mein Vater!

Dad hatte seinen geliebten kleinen weißen Hund Misty im Himmel wiedergefunden. Er wusste, dass ich ein Tierliebhaber bin und einen Bezug zu dem haben würde, was er mir sagte. Ich lächelte und ging friedlich schlafen.

Versprechen aus Liebe

VON LAURA M. MEHLHORN

Als ich 19 Jahre alt war, starb mein Großonkel Jim nach Jahren des Rauchens an Krebs. Die Ärzte hatten ihn darüber aufgeklärt, dass er nur noch wenige Monate hatte, bevor er zu krank sein würde, um zu reisen, und bevor er langsam und unter schrecklichen Schmerzen starb.

Er wollte alle Familienmitglieder noch einmal sehen, bevor er zu krank sein würde. Während dieses letzten Besuches legte er seine Hände auf meine Schultern, schaute mir aufmerksam in die Augen und sagte: »Ich möchte, dass du mir ein feierliches Versprechen machst. Gib mir dein Versprechen nur, wenn du die Absicht hast, es einzuhalten. Dies ist ein Versprechen an einen sterbenden Mann, es ist daher heilig. Versprich mir, dass du niemals rauchen wirst, nicht einmal eine Zigarette zwischen deine Lippen nimmst.« Er wollte nicht, dass irgendjemand das durchmachen musste, was er durchmachte.

Keiner meiner Eltern rauchte, und ich hatte bis jetzt noch nie das Bedürfnis verspürt, es zu versuchen. Deshalb dachte ich, es wäre leicht, ein solches Versprechen zu halten. Ich versprach ihm also mit Tränen der Liebe in den Augen, dass ich nicht rauchen würde.

Etwa vier Jahre später verbrachte ich einen Abend mit meinem Verlobten und einigen seiner Freunde. Einer der Freunde, selbst ein Raucher, schlug vor, dass ich wenigstens einmal eine Zigarette versuchen sollte, da ich das noch nie gemacht hatte. Ich hatte mein Versprechen vergessen. Als ich die angebotene Zigarette zwischen meinen Fingern hielt und einen Zug daran nehmen wollte, fühlte ich warme Hände auf meinen Schultern und hörte eine Stimme, in der eine riesige Enttäuschung schwang. Die Worte waren einfach: »Oh, mein Liebling, du gabst ein Versprechen!«

Das war alles, was ich hören musste. Ich wusste sofort, wer zu mir sprach, und ich erinnerte mich an mein Versprechen. Ich drückte die Zigarette aus, ohne sie auch nur einmal mit meinen Lippen berührt zu haben. Das Versprechen habe ich nie wieder vergesen. Ich bin jetzt 53 Jahre alt und habe ein gesundes Paar Lungen – dank meines lieben Großonkels.

Großvaters liebevolle Stimme

VON CANDICE GRAHAM

Ich las John Edwards (ein hellseherisches Medium) Buch»One Last Time« und war sehr fasziniert von seinem Inhalt. Ich kam von Florida zurück und saß im Flugzeug neben meinem Ehemann. Am Ende des Buches steht eine Meditation, die man machen kann, um sich genügend zu entspannen, um in einen möglichen Kontakt mit jemanden zu kommen, der gestorben und ins Jenseits gegangen ist.

Ich versuchte es, doch am Ende der Meditation dachte ich: *»Nun gut, es funktioniert bei mir nicht. Vielleicht liegt es daran, dass ich mit so vielen Leuten im Flugzeug bin.«* Genau in diesem Augenblick hörte ich die Stimme meines Großvaters, klar wie eine Glocke! Er sagte: »Ich liebe dich, mein Mädchen!« Tränen traten mir in die Augen und liefen mein Gesicht hinunter.

Ich war so erleichtert, weil ich wusste, dass er es war. Und es war nicht unheimlich, wie, ich dachte, es hätte sein können. Er war es. Es war seine Stimme mit genau dem gleichen Timbre und genau der gleichen Art und Weise, wie er es sagen würde. Ich muss Ihnen sagen, es war phantastisch. Ich sagte nur: »Ich liebe dich auch, Großvater.«

Großvater war ein sehr gläubiger Christ, der in eine strenge Kirche ging, in der sie nicht daran glaubten, dass man mit Toten sprechen kann. Deshalb entbehrt es nicht einer gewissen Ironie, dass er zu mir vom Himmel sprach. Ich glaube, wenn Sie mit Ihrem ganzen Herzen mit jemanden in Verbindung kommen wollen und die Liebe Gottes im Sinn haben, kann es so wunderschön sein, wie in den Tagen, in denen diese Person hier war.

Einer der Gründe, weshalb diese Geschichte für mich so wichtig ist, ist, dass ich mich seit Jahren danach gesehnt hatte, einen Beweis dafür zu erhalten, dass der Himmel wirklich existiert. Nachdem mein Großvater gestorben war, betete ich so sehr: »Oh, Gott, bitte lasse es einen Himmel geben, in den Großvater gehen kann.« Jetzt weiß ich mit Sicherheit, dass es wirklich einen Himmel gibt und dass mein Großvater dort ist, wo er hingehört.

13. KAPITEL

DER KLANG DER ENGEL

Sie retteten mein Leben in dieser Nacht

VON SHERYL S. SOPER

Ich fuhr spät in der Nacht von der Wohnung meines Freundes nach Hause. Ich war sehr müde und schlief am Steuer ein. Das Nächste, was ich hörte, war, dass jemand meinen Namen schrie und an meinen Haaren zog. Ich wachte auf und sah, dass ich auf eine Betonmauer zugefahren war, die die Form eines Vs hatte, dort, wo die Straße sich in zwei Spuren teilte.

Ich hatte die Mauer verfehlt und wusste, dass es meine Engel waren, die mich geweckt hatten. Sie retteten mein Leben in dieser Nacht! Ich versäume es nicht, meinen Engeln immer dafür zu danken.

Auf der Stelle gläubig

VON SANDRA LEAL

Diese Geschichte berichtet von meinem Mann, der nicht gläubig war, bis Folgendes geschah. Ich bete immer zu Gott und den Engeln. Doch er glaubte nie an Engel. Er sagte, dass diese Begebenheit ihn in nur 20 Sekunden zu einem Gläubigen machte.

Mein Mann ist viel beruflich unterwegs und fährt

die ganze Zeit durch schwierige Gegenden. Er fuhr auf einer schmalen Bergstraße, als er plötzlich nach unten blickte und Sonnenblumenkerne sah, die er selten, wenn überhaupt, während seiner Fahrten isst. Er öffnete sein Fenster (was er sonst nie tut), um sich von den Sonnenblumenkernen zu befreien. Auf einmal hörte er einen Hilfeschrei. Der Schrei war sehr laut, und er hörte ihn mehrere Male. Er hielt seinen Wagen an und setzte zurück, weil er dachte, jemand wäre an der Seite des Berges heruntergestürzt.

Genau in dem Augenblick, als er hielt, landete ein riesiger Felsbrocken exakt an der Stelle der Straße, wo er normalerweise gewesen wäre. Er stieg aus seinem Wagen aus und realisierte, dass, wenn er nicht zurückgesetzt hätte, er getötet worden wäre. Wir konnten uns dies nur damit erklären, dass ein Engel sein Leben gerettet hatte.

Hellwach

VON FRED LEHMANN

Vor vielen Jahren befand ich mich auf einer langen Fahrt durch Kansas. Ich war sehr müde, deshalb schaltete ich eine Kassette mit den größten Hits der *Grassroots* ein, um mich wachzuhalten.

Ich nickte am Steuer ein, wurde aber sofort wieder wach durch einen lauten Schrei, der von der Kassette zu kommen schien. Ich bin überzeugt, dass der Schrei mein Leben rettete.

Hinterher hörte ich den gleichen Song noch einmal. Aber da war kein Schrei. Es musste also mein Schutzengel gewesen sein, der mich vor der gefährlichen Situation warnte. Es gibt keine andere Erklärung dafür, dass ich erwachte.

Und die Engel sangen

VON SUSAN

Im November 1995 lebte ich weit fort von meiner Familie. Mitten in der Nacht wurde ich sanft von einem wunderschönen Gesang geweckt. Es klang wie eine weibliche Stimme, die nach und nach in einer immer höher werdenden Stimmlage sang. Ich war jetzt hellwach, aber fürchtete mich in keiner Weise. Die letzte Note war besonders hoch und gab einem das Gefühl von Heiterkeit. Die Musik wurde stärker und verklang dann in der Luft.

Da es sich so anhörte, als wäre die Musik aus dem Wohnzimmer gekommen, stand ich auf und schaute hinter allen Türen nach, um herauszufinden, wo sich die Quelle der Musik befand. Doch da war nichts! Am nächsten Morgen rief meine Familie an, um mir mitzuteilen, dass meine Großmutter in der Nacht gestorben war.

Ein Geräusch rettete mein Leben

VON BRENDA GAGAS

Ein Schutzengel geleitete mich eines Tages sicher vom College nach Hause. Es war das Jahr 1991, Mitte September. Ich hatte in der Nacht, bevor ich nach Hause zur Hochzeit meiner Schwester fuhr, nicht viel geschlafen. Ich war müde, erschöpft von einer Nacht, in der ich mich mit tausend Gedanken in meinem Kopf hin- und hergewälzt hatte. Die Fahrt ging über vier Stunden durch die Upper Peninsula von Michigan und dem nördlichen Wisconsin. Nach zwei Stunden Fahrt auf einer zweispurigen Landstraße verspürte ich den unwiderstehlichen Wunsch, meine Augen für Momente zusammenzukneifen, um sie zu entspannen. Mir kam nicht der Gedanke, was passieren würde, wenn ich am Steuer einschlief.

Als ich die Augen einmal länger zusammenkniff, gab es ein »dumpfes Geräusch« gegen die Windschutzscheibe. Ich riss meine Augen weit auf, um schnell festzustellen, was gegen die Scheibe geschlagen war. Da war nichts – keine Spuren auf der Windschutzscheibe vor dem Beifahrersitz, von wo das Geräusch gekommen war, keine Steinchen, die durch die Luft flogen oder über die Straße rollten. Ich wusste in dem Moment, dass sich das Geräusch anders anhörte als ein Gegenstand, der irgendwo dagegen schlug. Hinter dem Geräusch stand eine zu starke Kraft. Es klang, als wenn jemand mit der Faust gegen die Windschutzscheibe geschlagen hatte. Ich schaute erstaunt auf den Beifahrersitz und wusste in meinem Herzen, dass Gott einen Engel geschickt hatte, um mich aufzuwecken und vor einem Unfall zu bewahren, der mich mein Leben hätte kosten können.

Nun, der Adrenalinstoß, der durch meinen Körper ging, hielt nicht lange genug vor, um mich länger wachzuhalten. Nach einer halben Stunde fühlte ich mich wieder sehr müde. Ich öffnete die Fenster und stellte das Radio laut. Doch meine Augen wollten immer noch zufallen und mich in einen tiefen Schlaf versetzen, während mein Auto mit etwa 100 Kilometer in der Stunde über die Straße raste.

Ehe ich mich versah, gab es wieder einen »dumpfen Schlag« gegen mein Auto. Dieses Mal fuhren Autos an mir vorbei, und vor mir machte die Straße eine leichte Kurve. Mit wieder weit geöffneten Augen und stark klopfendem Herzen schaute ich in meine Spiegel, um zu sehen, was gegen mein Auto geschlagen war. Nichts. Das »dumpfe Geräusch« kam vom linken vorderen Kotflügel über meinem Vorderreifen. Dieses Mal war ich hellwach und betete und dankte Gott und meinem Schutzengel. Ich wusste, ich war nicht allein. Ich konnte nichts sehen, doch ich weiß bis zum heutigen Tag, dass ein Schutzengel auf meiner Motorhaube meines Wagens saß und mich sicher nach Hause führte. In meinem ganzen Leben habe ich niemals ein »dumpfes Geräusch« dieser Art bei meinem Auto oder bei irgendeinem anderen Auto, in dem ich mitgefahren bin, gehört. Seitdem habe ich aber auch nie mehr das Bedürfnis verspürt, meine Augen auszuruhen, während ich fahre.

14. KAPITEL

Engel oder einen geliebten Verstorbenen durch eine Berührung oder durch einen Geruch spüren

Danke, liebe Urgroßmutter!

VON TRACEY STAPLES

Als meine Urgroßmutter starb, war ich völlig verzweifelt. Sie war meine beste Freundin. Ich hatte zu ihr immer eine besonders innige Beziehung gehabt. Sie fand stets die richtigen Worte und gab mir damit ein besseres Gefühl für die Dinge, wenn sonst niemand es vermochte.

Ich konnte nicht glauben, dass sie von uns gegangen war. Ich glaube, dass ich meiner Mutter wirklich Sorgen machte, weil ich mich weigerte, es zu glauben. Ich hatte immer diese ganz »wirklichen« Träume, in denen ich Zeit mit ihr verbrachte. Heute weiß ich, dass ich tatsächlich Zeit mit ihr in meinen Träumen verbrachte.

Doch eines Tages realisierte ich schließlich, dass sie tot war. Ich hörte den Song von Barry Manilow »Can't Smile Without You« (Ich kann ohne dich nicht lächeln), und die Worte trafen mich mitten ins Herz. Ich weinte tagelang, genauso wie ich es direkt nach ihrem Tod getan hatte. Der Schmerz und der Kummer waren unerträglich. Auf dem Höhepunkt meines Kummers empfand ich die tiefsten Ängste und Depressionen darüber, einen Platz zu finden, an den ich gehen konnte. Ich konnte den Gedanken nicht ertragen, dass sie nicht mehr da war, mich zu trösten!

Einige Tage später war ich im Kino und sah mir einen Film an. Mitten im Film fühlte ich plötzlich einen kalten Luftzug. Als ich einatmete, hatte ich den Geruch nach meiner Urgroßmutter in der Nase. Es war eine sehr surreale Erfahrung. Ich flippte fast aus, doch gleichzeitig hatte ich ein überwältigendes Gefühl der Freude. Ich schaute mich im Kino um, um festzustellen, ob es irgendeine Erklärung für den kalten Luftzug gab. Aber da gab es keine.

Es gab nichts, womit ich den Geruch hätte erklären können. Meine Urgroßmutter roch immer nach einem bestimmten Puder, das sie trug, mit Ben-Gay Duftnote darin. Es war ein ganz eigener Duft! Nach dem Unfall konnte ich diesen Geruch überhaupt nicht mehr wahrnehmen. Ich bin jemand, der immer bestimmte Details bei Leuten bemerkt – welchen Geruch sie haben, bestimmte physische Merkmale und wie ich mich fühle, wenn ich in ihrer Nähe bin. Deshalb ist die Erinnerung an den Geruch meiner Urgroßmutter besonders stark. Ich bin überzeugt, dass es derselbe Geruch war, den ich im Kino wahrgenommen hatte.

Auf dem Heimweg war ich geschockt und gleichzeitig voller Freude, dass dies alles passiert war. Es war beinahe so, als würde die Zeit danach stillstehen. Ich war ganz euphorisch. Ich war so erfreut, dass meine Urgroßmutter mich wissen ließ, dass sie in meiner Nähe ist.

Am Dienstag dieser Woche rief mich meine Mutter an und erzählte mir, dass sie aus irgendwelchen Gründen zu spät zu ihrer Arbeit ging (was für sie sehr ungewöhnlich ist. Als sie ihre Wohnung verließ, lief sie der Vermieterin über den Weg. Nun war sie der Vermieterin das ganze Jahr, in dem sie dort wohnte, nicht über den Weg gelaufen.

Meine Mutter sagte der Vermieterin, dass ich jetzt meinen eigenen Platz zum Leben bräuchte, und sie erwiderte, sie hätten gerade eine freie Wohnung. Meine Mutter sagte zu mir: »Tracey, wenn dies nicht ein Zeichen ist, dass du in dieses Haus einziehen sollst, dann weiß ich nicht, was es sonst sein soll!« Ich rief die Vermieterin an, und ich konnte direkt in die Wohnung einziehen. Die Vermieterin erlaubte mir sogar, die Kaution in Raten zu zahlen. Danke für deine Hilfe, Urgroßmutter!

Flug durch die Sterne

VON PAULINA TITO

Ich schlief, und plötzlich, mitten in der Nacht, wurde ich wach, schlief jedoch wieder ein. Das Nächste, was ich wusste, war, ich befand mich an einem dunklen, friedlichen Platz. Hinter mir konnte ich meinen Engel fühlen. Ich konnte ihn nicht wirklich sehen, doch ich wusste, dass es mein Schutzengel war und dass er mich zu den Sternen mitgenommen hatte. Wir fingen an zu spielen, und er brachte mich zum Lachen, als wäre ich wieder ein kleines Mädchen! Wir flogen um die Sterne, und ich wusste, dass mein Engel hinter mir war und mir den Sinn und die Schönheit des Fliegens vermittelte. Wir flogen so schnell, dass ich den Wind in meinen Augen spüren konnte und eine Begeisterung, die man im Leben nicht empfinden kann. Er flog so schnell, dass ich ihm sagen musste, etwas langsamer zu fliegen. Doch nicht durch Sprechen, sondern nur indem ich es dachte, flog er sofort langsamer.

Dann wusste ich, dass es Zeit ist, nach Hause zurückzukehren. Und in dem Augenblick öffnete ich meine Augen. Ich fühlte mich so glücklich, und mein Herz schlug so schnell. Ich dankte meinem Engel von ganzem Herzen und zündete ihm zu Ehren eine Kerze an.

Er hielt sein Versprechen

VON PEGGY L. LORENZ

Mein Mann Joe starb vor zweieinhalb Jahren nach achtmonatigem Leiden an Nierenkrebs. Wir hatten viel Zeit, über meine Zukunft zu sprechen, wie es für mich ohne ihn sein wird, was aus den Kindern, aus unserem Geschäft wird, und über viele andere kleine Dinge, die wir regeln wollten, bevor er starb.

Eines der Dinge, über das wir sehr ausführlich sprachen, betraf unser Leben nach dem Tod. Wir sind beide Christen und glauben, dass wir unsere Ewigkeit mit unserem Herrn verbringen. Doch ich hatte eine Bitte an meinen Mann. Für meinen eigenen Seelenfrieden bat ich ihn, mich, wenn es nur irgendeine Möglichkeit gäbe, wissen zu lassen, ob es ihm gut ginge, wenn er gestorben war. Ich bat ihn, dies bitte zu tun, so dass ich mir um ihn keine Sorgen zu machen bräuchte. Wir waren im Leben so innig miteinander verbunden, dass ich wusste, dass er dies tun würde, wenn er die Möglichkeit dazu hätte. Ich wusste noch nicht, wie schnell dies geschehen würde.

Joe starb am 14. Mai 1997 um 15.35 Uhr im Beisein seiner Familie und seiner Freunde. Jeder hatte die Gelegenheit, sich von ihm zu verabschieden, und er ging sanft von uns – er hörte einfach auf zu atmen. Eine enge Freundin blieb in dieser Nacht bei mir, denn ich war nicht in der Verfassung, alleine zu sein, und ich wollte auch nicht alleine sein!

Wie erwartet, fiel es mir sehr schwer, einzuschlafen, als alle mich schließlich davon überzeugten, dass ich mich ausruhen müsste. Ich lag im Bett auf der Seite meines Mannes, dort, wo Joe erst 12 Stunden vorher seinen letzten Atemzug getan hatte. Ich schlief nicht. Ich befand mich in diesem Zwischenstadium, in dem man noch wahrnimmt, was um einen herum geschieht.

Ich lag auf meine Seite gedreht mit meinen Händen unter der einen Gesichtshälfte. Ich fühlte, wie Joe meinen Arm berührte, und ich nahm seinen ihm eigenen Geruch wahr. Es war nur ein kurzer Augenblick, aber er war ganz real. Ich setzte mich mit einem Ruck aufrecht ins Bett und fing furchtbar an zu weinen. Es war genau das, was ich mir inständig gewünscht hatte, doch es geschah so kurz nach seinem Tod, dass ich verwirrt war und mich ein wenig fürchtete.

Zuerst dachte ich, ich hätte es tatsächlich »vergessen«. Doch dann realisierte ich, dass Joe gerade sein Versprechen mir gegenüber eingelöst hatte. Es ist etwas, dass mir in teurer Erinnerung bleiben wird bis zu dem Tag, an dem ich selbst sterben werde, um mit ihm zu sein.

Keine andere Erklärung

VON LISA GAYLE DAVIS FLORES

1983 trampte ich von Oregon nach Washington zur Beerdigung meines Großvaters. Ich stand an einer Schneise der Autobahn, als ein Auto, Marke El Camino, mit etwa 100 Kilometer in der Stunde auf diese Schneise geriet und mich im Kreuz erfasste.

Ich flog durch die Luft und schlug auf dem Boden auf. Ich dachte wirklich, ich wäre tot. Doch dann fühlte ich, wie mich jemand mit seinen Händen an meinen Schultern packte und mich hochzog. Als ich sehen wollte, wer mir geholfen hatte, war da niemand. Ich war zu der Zeit auch im ersten Monat schwanger. Ich glaube, dass es mein Schutzengel war, der mein ungeborenes Kind rettete. Ich werde das nie vergessen.

Ewige Blüte

VON BARB HACKING

Ich nahm kürzlich an einer Gedenkfeier für Kim teil, eine Freundin, die nach langer Krankheit gestorben war und zwei kleine Kinder und einen liebenden Ehemann hinterlassen hatte. Einer der Sprecher bei dieser

Feier war ihre Schwester, die sagte, wie sehr Tulpen sie von nun an immer an Kim erinnern würden. Als Kim herausfand, dass sie den Frühling wahrscheinlich nicht mehr erleben würde, setzte sie lauter Tulpenzwiebeln. In welch wunderbarer und liebevoller Weise erinnerte sie damit ihre Familie jeden Frühling an ihre Liebe!

Als ich an diesem Abend nach Hause kam, ging ich in das Zimmer meiner siebenjährigen Tochter, um ihr eine Geschichte vorzulesen. Bevor ich mit dem Vorlesen anfing, beugte sich meine Tochter Rachel vor und sagte, ich röche nach Tulpen. Unglaublich! Kinder haben ein solches Gespür dafür, was um sie herum vorgeht. Sie war nicht bei der Feier dabei gewesen, und sie wusste nicht, dass Kim Tulpen hinterlassen hatte.

Frage einfach

VON LINDA A. HARLOW

Als ich etwa 23 Jahre alt war, war ich mit einer Gruppe von Leuten zusammen, die über ihre spirituellen Erfahrungen sprachen. Fast jeder in der Gruppe hatte außer mir bereits irgendeine Art von spiritueller Begegnung oder Erfahrung gehabt. Ich hatte mich mein ganzes Leben mit Spiritualität beschäftigt, deshalb wunderte ich mich, warum ich nie Ähnliches wie das, wovon meine Freunde berichteten, erlebt hatte.

Einer meiner Freunde tröstete mich, indem er zu mir sagte, dass er erst vor kurzem eine spirituelle Erfahrung gemacht hatte. Es war an einem Abend geschehen, als er Gott inständig darum bat, ihm irgendein Zeichen zu geben, dass ER existierte! Mein Freund sagte laut zu Gott: »Nur etwas, irgendetwas, wie den Geruch einer Rose, irgendetwas!« Genau in dem Augenblick roch er den starken Duft einer Rose.

Da mir diese Geschichte so glaubwürdig vorkam, ging ich nach Hause und betete und bat ebenso inbrünstig an diesem Abend, wobei ich in einen starken emotionalen Zustand geriet. Ich bat auch um ein Zeichen, dass ich nicht allein bin und dass ich erhört wurde. Plötzlich sagte eine männliche Stimme in meinem Kopf: »Mache nicht mehr weiter. Du bist noch nicht reif dafür.« Seltsamerweise beruhigte mich das, und ich nehme an, dass diese einfache Aussage meine Antwort war.

Die Hände meines Engels

VON MARIANNE LOBASSO

Ich rannte, um meinen Zug zu erwischen, der sich bereits in Bewegung setzte, um den Bahnhof zu verlassen. Ich rannte und sprang auf den fahrenden Zug, wurde jedoch herumgeschleudert. Während ich immer noch am Türgriff festhielt, rutschte ich zwischen die beiden Wagen. Mein Körper war zwischen den Rädern des Zugs und dem Bahnsteig. Der Zug bewegte sich weiter. Alles, was ich fühlte, waren zwei Hände auf meinem Rücken, die mich über die Gleise auf den Schotter und näher zum Bahnsteig stießen. Aber da war niemand!

Das alles geschah im Bruchteil von Sekunden. Noch heute kann ich die Kraft dieser Hände auf meinem

Rücken fühlen. Ich weiß, dass mir stets Engel folgen. Keiner konnte glauben, dass ich bei diesem Sturz ohne auch nur einen Kratzer davongekommen bin!

Kuss von einem Engel

VON MAYA TONISSON

Mein Liebespartner starb am 18. Juni 1999 im Alter von 26 Jahren. Er hatte eine Gehirnblutung erlitten und war nach einer Operation und einer Woche im Koma auf der Intensivstation gestorben. Ich war 25 Jahre alt und hatte noch nie die Erfahrung gemacht, einen Partner zu verlieren oder aus solch einem Grund irgendjemanden in meinem Leben, der so jung war. Sein Tod wurde etwa um 5 oder 6 Uhr in der Frühe festgestellt, und ich blieb mit einer Freundin in dieser Nacht, weil ich nicht alleine sein wollte.

Am nächsten Abend jedoch entschied ich mich, alleine zu Hause zu bleiben. Nachdem ich mich zu Bett gelegt hatte, fiel ich in eine Art »Dämmerschlaf«. Ich war halb wach, halb schlief ich, als ich meinen Partner neben mir im Bett liegen fühlte. Er küsste mich ganz sanft. Nach einigen Augenblicken wurde ich mit einem Ruck wach, setzte mich auf und öffnete die Augen. Er war fort. Ich habe ihn nicht gesehen, aber ich glaube bis heute, dass das, was ich gefühlt habe, echt war.

Ein Engel passt auf

VON ROSANELIA A. LOPEZ-LEAL

Als ich aufwuchs, hatten wir einen Nachbarn, den ich »John« nennen will, der etwa acht Jahre älter als ich und im gleichen Alter wie meine Brüder war. Meine Mutter betrachtete ihn wie einen weiteren Sohn. John war die unterhaltsamste Person, die ich je getroffen habe.

Ich zog fort, und wir alle wurden älter. Mein Bruder und seine Familie blieben die Nachbarn von Johns Eltern. Wir blieben alle miteinander in Verbindung, und schließlich zog ich wieder zurück in unser altes Städtchen. Ein paar Jahre später erfuhren wir, dass John unheilbar krank war. Wir fragten Johns Mutter, ob wir ihn noch ein letztes Mal sehen dürften, und sie stimmte zu. Ich hatte keine Ahnung, was uns erwartete.

Ich ging in Johns Zimmer, und ich sah einen Mann im Bett liegen, der seine Umgebung nicht wahrnahm. Er war nicht mehr der große, kräftige Mann, den ich immer in Erinnerung hatte. Ich konnte es nicht ertragen, ihn so zu sehen, und rannte weinend aus dem Zimmer. Schließlich verließen wir Johns Haus. Ich wusste, dass das Ende für unseren Freund nahe war.

In dieser Nacht weckte mich etwas gegen 2.55 Uhr auf. Ich lag auf der Seite mit dem Kopf zur Wand. Ich konnte den durchdringenden Blick von jemandem fühlen, der mich ansah. Als ich meine Augen öffnete, fühlte ich, wie das Wesen sich zu meiner Schlafzimmertür bewegte. Mein Kätzchen starrte mit einem angstvollen Ausdruck auf dem Gesicht zur Tür. Ich hatte Angst vor dem, was ich sehen würde, aber ich wusste, dass es John war, und ich wusste, dass er soeben gestorben war. Ich nahm an, dass er sich von mir verabschieden wollte, da ich früher an diesem Nachmittag dazu nicht in der Lage war.

Ich begann zu John zu sprechen. Ich sagte ihm, ich würde mich nicht vor ihm fürchten, und ich würde seinen Eltern und seiner jungen Familie helfen. Es war die friedvollste Erfahrung, die ich je erlebt habe. Ich wusste, es war John, und ich wusste, er war gestorben. Ich nahm an, dass er mich trösten wollte, da ich früher an diesem Tag an seinem Bett zusammengebrochen war. Nachdem ich ihm versichert hatte, dass ich im Frieden mit ihm war, fühlte ich, dass er den Raum verließ.

Etwa gegen 9 Uhr morgens rief mein Bruder an, um mir zu sagen, dass John tatsächlich gestorben war. Ich erwiderte ihm: »Ich weiß.« Mein Bruder reagierte mit Schweigen. Ich weinte nicht, weil ich jetzt wusste, dass John sich an einem besseren Ort befand. Es dauerte ein paar Monate, bis ich diese Geschichte seinen Eltern erzählte. Sie glaubten mir und waren überzeugt, dass es ihr Sohn gewesen war.

Einige Jahre nach Johns Tod musste mein Mann bis spät in die Nacht an seinen wissenschaftlichen Untersuchungen in der Universität arbeiten. Das bedeutete, dass ich bis in die frühen Morgenstunden alleine zu Hause war. Ich versuchte, aufzubleiben und auf meinen Mann zu warten, aber ich wurde zu müde und ging zu Bett.

Ich fühlte immer jemanden, der mit beiden Händen mein Bein berührte. Ich konnte den leisen Druck der Finger fühlen. Nachdem dies einige Nächte lang passiert war, wurde ich mir darüber klar, dass es John war. John war mein Schutzengel, der mir zu verstehen gab, dass er bei mir war und dass ich mich nicht fürchten musste. Ich freute mich jedes Mal, wenn mein Mann spät nach Hause kam, darüber. Ich hatte keine Angst, solange ich die Anwesenheit meines Freundes fühlte.

Schließlich war das Projekt meines Mannes abgeschlossen, und er musste nicht mehr bis spät in der Nacht außer Haus sein. Folglich fühle ich nicht mehr Johns Anwesenheit. Ich bin froh, dass mein Freund während dieses Semesters mein Schutzengel wurde. Von Zeit zu Zeit fühle ich seine Anwesenheit in meiner Nähe. Wegen John weiß ich, dass es Engel gibt. Ich fühle, dass Gott mir John als meinen Engel schickte, damit er mir durch diese Nächte half, wenn ich alleine war.

Eine Schutzblase

VON MARY WEIRICK

Als ich 13 Jahre alt war, ging ich zu einem Baseballspiel der Little League, um ein paar Freunde zu treffen, die Cheerleader waren. Nach dem Spiel hielt ich nach meinen Freunden Ausschau, damit einer mich mit nach Hause nehmen konnte. Doch sie waren schon gegangen. Wie ich merkte, waren alle gegangen, die ich kannte. Es war spät, und ich war mehr als zwei Kilometer von zu Hause entfernt.

Man hatte mich davor gewarnt, niemals draußen alleine nach Einbruch der Dunkelheit herumzulaufen.

Ich hatte also furchtbare Angst. Ich fing an zu weinen, als ich durch die schlecht beleuchtete Gegend nach Hause lief. Als ich etwa einen Häuserblock weit gegangen war, sagte mir eine innere Stimme, ich solle um Hilfe bitten. Daher betete ich, Gott möge mich beschützen. Im gleichen Augenblick fühlte ich, wie ich von einer wunderschönen blauen Blase umschlossen wurde. Ich wusste, dass ich in Sicherheit war, dass ich geliebt wurde und dass für mich gesorgt wurde. Ich lief den restlichen Weg ohne Angst nach Hause, denn ich wusste, ich wurde beschützt.

Ich erinnere mich an die Freude, an das wunderbare Gefühl, an das Vertrauen, dass ich in dieser Zeit empfand. Ich bin meinen Engeln für ihre Liebe, ihren Schutz und ihre Führung sehr dankbar.

Teil II

Wie Sie Ihre Engel und Ihre geliebten Verstorbenen sehen, hören und fühlen können

15. KAPITEL

Sich dem Himmel öffnen

Wir alle haben ständig Begegnungen mit Engeln. Doch viele von uns sind sich dieser Begegnungen nicht bewusst. Sie können ganz feiner Natur sein, das ist sicher. Deshalb beschäftigen wir uns in diesem Kapitel damit, wie wir unsere himmlischen Verbindungen auf die Ebene unseres Bewusstseins bringen können. Wenn Sie sich der Gegenwart Ihrer Engel und Ihrer geliebten Verstorbenen bewusst sind, werden sie sich darüber freuen und mehr davon profitieren.

Wenn Sie in Kontakt mit Ihren Engeln, Ihren geliebten Verstorbenen oder einem zum Himmel aufgefahrenen Meister kommen wollen, geben Ihnen die nächsten Kapitel einige Methoden an die Hand, die Ihnen dabei helfen können. Es sind dieselben Techniken, die ich meinen Studenten übermittele, die zu mir kommen, um ihre hellseherischen Fähigkeiten zu entwickeln. Und es sind auch dieselben Techniken, die ich anwende, bevor ich meine Readings gebe.

Viele Menschen haben zwiespältige Gefühle, wenn es um den Kontakt mit himmlischen Wesen geht. Einerseits möchten sie unbedingt einen Engel oder einen geliebten Verstorbenen sehen. Doch gleichzeitig fürchten sie sich davor, etwas Schreckliches zu sehen. »Öffne ich mich, um nachher dunkle Wesen zu erblicken? Oder sieht die geliebte verstorbene Person vielleicht schaurig aus?« Das sind ganz natürliche Bedenken, denn die Leute haben Angst, die Kontrolle zu verlieren oder zu Tode erschrocken zu werden.

Daher ist einer meiner Wünsche, dass ich mit den Geschichten, die ich in *Engel-Gespräche* zusammengestellt habe und hier in *Neue Engelgespräche* weiter aufzeige, Ihr Vertrauen fördern kann, dass himmlische Begegnungen positive, schöne Erfahrungen sind. Sie sollten wissen, dass Sie keine unangenehmen Bilder sehen werden, wenn Ihnen Ihre Engel oder geliebte Verstorbene einen Besuch abstatten.

Auch wenn es stimmt, dass es »erschreckende« Wesen im Himmel gibt, so sind sie doch eine kleine Minderheit im Vergleich zu all den herrlichen Engeln und geistigen Führern, die beständig um uns herum auf der ätherischen Ebene sind.

Einer der bedeutendsten Engel von allen, der Erzengel Michael, kann verhindern, dass Sie irgendwelche erschreckenden Begegnungen haben. Alles, was Sie tun müssen, ist, im Geiste zu ihm zu sagen: *»Erzengel Michael, bitte halte jeden von mir fern, der nicht mein Engel, meine geistige Führung oder ein Wesen ist, das Gottes göttliches Licht verkörpert.«*

An Michael muss diese Art von ausdrücklicher Bitte gerichtet werden, weil Gottes Gesetz des freien Willens ihm nicht erlaubt, uns zu helfen, außer wir bitten ihn darum.

Der Erzengel Michael ist in der Lage, gleichzeitig mit jedem zu sein, der nach ihm ruft. Es gibt keine Beschränkungen durch Raum oder Zeit. Deshalb ist es eine gute Idee, den Erzengel Michael zu bitten, stets an unserer Seite zu bleiben. Bitten Sie ihn, die Wesen in in Ihrem Leben – die irdischen wie die geistigen – zu überprüfen, so dass nur die wohlwollenden Wesen Sie umgeben. Wenn Sie Michael erst einmal um Hilfe gebeten haben, können Sie sich entspannen. Diese

Bitte wird stets jedem unabhängig von seinem Lebensstil, seiner Religion oder seinem Charakter gewährt. Machen Sie sich also keine Sorgen darum, dass Ihre Bitten vielleicht abgelehnt werden könnten. Sie können nicht abgelehnt werden!

Es ist wichtig, dass Sie derartige Ängste aus dem Weg räumen, weil sie Sie daran hindern können, himmlische Begegnungen zu haben. Skeptische Menschen stellen gleichzeitig einen Fuß auf das Gaspedal und den anderen auf die Bremse, und das hindert sie daran, vorwärts zu kommen.

Zu verbissene Versuche

Eine andere Sache, die die Leute daran hindert, ihre Engel und ihre geliebten Verstorbenen zu sehen, ist die Angst vorm Versagen. Diese Angst bringt Leute oft dazu, mit aller Gewalt eine Engelbegegnung haben zu wollen. Sie wollen sie erzwingen, was die Möglichkeit, diese Erfahrung zu machen, vollständig blockiert. Die traurige Ironie ist, dass die Leute, die die Engel am meisten lieben, oft die sind, die es am schwersten haben, sie zu sehen!

Fast jedes Wochenende erlebe ich bei meinen Workshops, wie sich Szenen wie die folgende ereignen: Eine Engel liebende Frau kommt an, bekleidet mit einem Engel-T-Shirt, mit Engel-Ohrringen und mit einem Engel-Halsband. Sie wird begleitet von ihrem liebenden Ehemann, der sich nicht sonderlich für Engel interessiert, aber zum Workshop mitkommt, um seiner Frau einen Gefallen zu tun.

Dann beginnt der Workshop, und bis zum Mittagessen habe ich die Teilnehmer durch eine Übung geführt, die ihnen dabei hilft, Engel zu sehen. Der Ehemann sieht Engel und geliebte Verstorbene, und er sagt zu seiner Frau: »Wow, mein Schatz, das ist unglaublich! Danke, dass du mich mitgenommen hast.« Sie hat derweil keinen Erfolg dabei gehabt, Engel zu sehen, und schnauzt ihn an: Wieso siehst ausgerechnet *du* Engel? Du magst sie nicht einmal!«

Ihre Frustration rührt von ihrem tief sitzenden Glauben her, dass sie, da sie Mitglied des Engel »Fan Clubs« ist, ein Anrecht auf besondere Privilegien hat. Doch die Engel sind für uns alle, auch für Ungläubige und Neulinge, in gleicher Weise da. Ihre größte Blockade jedoch ist ihr verzweifelter Wunsch, Engel zu sehen. Deshalb versucht sie zu verbissen, Engel sehen zu wollen. Ihr Ehemann, der eine unbekümmertere Einstellung zum Himmel hat, ist entspannt und offener für diese Erfahrung. Ein solcher Typ von Ehemann schloss kürzlich mein Zertifikat für Engeltherapie-Praxis ab und ist heute ein professioneller Engel-Reader. Doch ursprünglich gehörte er vor einigen Jahren zu den Personen, die sich schwer mit Engeln taten.

Wenn wir uns also zu stark bemühen und zu sehr wollen, kann das hinderlich für eine Verbindung zu unseren Engeln sein. Die Angst, die uns treibt, Dinge zu forcieren, damit sie passieren, kommt aus dem Gefühl des Alleinseins und aus der Überzeugung, »ob es klappt, hängt von mir ab«. Doch unsere Engelbegegnungen verdanken wir der Macht Gottes, den Engeln, den zum Himmel aufgefahrenen Meistern und unseren geliebten Verstorbenen. Eine Annäherung an Engelbegegnungen im Teamwork garantiert die besten Ergebnisse.

Zusätzlich zur Bitte um Erzengel Michaels Gegenwart zeige ich Ihnen hier zwei weitere Methoden auf, Angstblockaden abzuschwächen oder zu eliminieren:

1. Die Gefriermethode. Schreiben Sie Ihre Ängste auf ein Stück Papier. Sie können Ihre Ängste entweder ausführlich beschrieben zu Papier bringen oder in Form allgemeiner Sätze über Ihre »Angst davor, hellseherisch bzw. übersinnlich zu sein«. Legen Sie anschließend das Papier ins Gefrierfach Ihres Kühlschranks. Wenn Sie mit Skeptikern zusammenleben, legen Sie das Papier am besten ganz nach hinten in das Gefrierfach, wo man es nicht gleich sieht, oder frieren Sie es in einen kleinen Behälter mit Wasser ein. Lassen Sie das Papier mindestens drei Monate lang im Gefrierfach. Diese Methode funktioniert auch mit allen anderen Dingen in Ihrem Leben, von denen Sie sich befreien möchten, Probleme in der Partnerschaft, Suchtverhalten oder Geldprobleme eingeschlossen.

2. Die Traummethode. Die Engel leisten ihre beste Arbeit, wenn wir schlafen. Warum? Weil auch unsere Ängste zu der Zeit schlafen und wir deshalb der Hilfe der Engel gegenüber offener sind. Bevor Sie abends einschlafen, bitten Sie den Erzengel Michael, den Erzengel Raphael (der für physische Heilungen zuständig ist) und Erzengel Ariel (dessen Domäne die seelische und psychische Heilung ist), im Geiste in Ihre Träume zu kommen. Sagen Sie ihnen im Geiste:

»Bitte erscheint in meinem Traum, in meinem Körper, in meinem Geist und in meinem Herzen und befreit mich von

jeder Art von Angst oder Unversöhnlichkeit, was mich blockieren könnte, eine bewusst wahrgenommene Engelbegegnung zu haben.

Die Einstellung zählt

Die Engel lieben es, einen bestimmten Satz zu wiederholen. »Deine Einstellung bestimmt deine Erfahrungen.« Das bedeutet, dass unsere unterschwelligen Erwartungen uns zum Erfahrungstypus hin lenken, der als Ergebnis daraus resultiert. Wenn wir positive Erwartungen an unsere Engelbegegnungen haben, werden wir auch positive Ergebnisse erreichen.

Doch wenn wir negative Einstellungen haben, wie »Mensch Meier, sicherlich hoffe ich, dass ich das tun kann« oder »Ich habe Angst, die Geistwelt zu sehen« oder »Wird Gott mich strafen, wenn ich das tue?«, dann blockieren wir uns dagegen, eine Engelbegegnung zu haben. Denn eines ist sicher, die Engel lieben uns zutiefst, und sie würden nichts tun, um uns zu erschrecken, wie zum Beispiel sich zu zeigen, wenn wir dies nicht wirklich wollen. Das Gleiche gilt für Ihre geliebten Verstorbenen. Ihre Großeltern, Ihre Mutter, Ihr Vater, Ihre Geschwister oder andere geliebte Personen sehen Ihre Angst als ein riesiges »Bleibt fort!«-Zeichen. Sie respektieren diese Grenze aus Liebe.

»Ich möchte wirklich meine Mutter sehen, aber ich habe Angst, dass sie Tante Edna bei sich hat. Und ich möchte keinerlei Kontakt mit Tante Edna haben!«, sagte Betsy, eine Frau in einem meiner Seminare. Sie erklärte, dass ihre Tante herrisch und mit Worten beleidigend gewesen wäre. Betsy hatte Angst, dass, wenn sie ihre Mutter sähe, sie die Himmelstore öffnen würde, so dass andere »weniger erwünschte« Verwandte uneingeladen ebenfalls erscheinen würden. Dies ist ein anderes Problem, das an den Erzengel Michael delegiert werden kann. Er ist glücklich, wenn er als Ihr »Bodyguard«-Engel agieren kann. Er lenkt den Besuchsverkehr, wenn Sie ihn darum bitten.

Ein Grund, warum Kinder so hellseherisch veranlagt sind, liegt an ihrer positiven Einstellung. Sie fragen sich nicht: »Bilde ich mir das ein, oder ist das echt?« Kinder wissen, dass die Realität in vielen Facetten kommen kann. Sie trauen ihrer Intuition auch mehr, als die meisten Erwachsenen es tun. Außerdem sind ihre Leben im Allgemeinen einfacher als die der Erwachsenen, deshalb ist ihr Geist auch nicht so überladen durch Ablenkungen aller Art, Sorgen, Druck und Stress und Geräusche.

Wenn Sie sich also einer Begegnung mit dem Himmel öffnen möchten, seien Sie »wie ein kleines Kind«. Lösen Sie sich von allzu starren Erwartungen über Ihre Verbindung zu Engeln. Bleiben Sie bei einer positiven Einstellung wie: »Ich möchte wirklich gerne meinem Schutzengel begegnen«, oder: »Ich würde mich freuen, meine Mutter zu sehen und mit ihr zu sprechen«, und schicken Sie dann Ihren Wunsch ins Universum. Vertrauen Sie darauf, dass Ihr Wunsch die Engel erreicht und sie ihn in wunderbarer und überraschender Weise erfüllen.

Darum ist es wichtig, Gott nicht vorschreiben zu wollen, wie Sie Ihre Engelbegegnung haben möchten. Sagen Sie zum Beispiel nicht zu den Engeln: »Bitte, bürstet mein Haar als Zeichen, dass ihr bei mir seid.« Sagen Sie stattdessen einfach: »Bitte, gebt mir ein Zeichen, dass Ihr bei mir seid«, und überlassen Sie es ihnen, welches der beste Weg ist, Ihrer Bitte nachzukommen. Erinnern Sie sich häufiger daran, dass allein Gott entscheidet, und nicht wir, wie unsere Gebete erhört werden. Die unendliche Schöpfungskraft des göttlichen Geistes ist voller glücklicher Überraschungen, die über die physischen Gesetze der Erde, hinausgehen.

An positiver Einstellung festzuhalten ist also eine essentielle Sache. Selbst wenn Sie nicht ganz an Engelbegegnungen glauben, weil Sie selbst noch keine gehabt haben, bleiben Sie bei einer positiven Einstellung. Auch wenn Sie nicht sicher sind, ob Sie in der Lage sind, eine Engelbegegnung zu haben oder sie zu verdienen (ich versichere Ihnen, dass Sie in der Lage sind und sie auch verdienen), halten Sie an einer positiven Einstellung fest. Und auch wenn Sie einen Engel oder einen geliebten Verstorbenen so sehr sehen möchten, dass es schmerzt, bleiben Sie bei einer positiven Einstellung.

Hier folgen einige Affirmationen, die Ihnen helfen sollen, Ihre Einstellung auf die positivste und optimistischste Ebene zu heben. Lesen Sie, schreiben Sie oder sagen Sie diese Affirmationen so oft wie möglich:

- Ich fühle mich sicher dabei, mich für meine übersinnlichen Fähigkeiten zu öffnen.
- Ich habe große visuelle Fähigkeiten.
- Ich bin im starken Maße hellsichtig.
- Ich höre leicht die Stimme Gottes und der Engel.
- Ich bin offen dafür, meine geliebten Verstorbenen zu sehen.
- Ich heiße meine Engel in meinen Träumen willkommen.

- Gott und die Engel lieben mich sehr.
- Ich kann die Anwesenheit von Engeln um mich genau in diesem Augenblick fühlen.
- Gott und die Engel sprechen kontinuierlich zu mir.
- Ich sehe die Zeichen des Himmels.
- Ich bin offen für die göttliche Kommunikation.
- Ich vertraue auf Gott, dass ER mich beschützt.

Erhörte Gebete

Das Gesetz des freien Willens besagt, dass der Himmel sich nur dann in unsere Leben einmischen oder in unser Leben eingreifen kann, wenn wir dies wollen. Die einzige Ausnahme ist, unser Leben zu retten – wenn unsere Zeit noch nicht gekommen ist. Sie müssen deshalb darum bitten, dass Ihre Engel Ihnen helfen, ihre Nähe klar zu erkennen, zu hören oder zu fühlen. Es gibt viele Möglichkeiten, dies zu tun, die folgenden eingeschlossen:

Beten. Richten Sie Ihre Bitte an Gott und die Engel. Zum Beispiel: »Lieber Gott, ich wünsche mir zutiefst, meinem Schutzengel zu begegnen. Bitte hilf mir, diesen Engel zu sehen und zu hören.« Wiederholen Sie dieses Gebet, bis sich ein Gefühl des Friedens und der Unvermeidlichkeit in Ihrem Herzen und Bauchbereich einstellt.

Direkte Bitte. Viele Leute begegnen einem geliebten Verstorbenen direkt nachdem sie diesen um Hilfe gebeten haben. Sie können die Bitte laut, in schriftlicher Form oder leise zum Ausdruck bringen. Sagen wir,

Sie machen sich über einen bestimmten geliebten Verstorbenen Sorgen. Bitten Sie diesen Verstorbenen um eine Form der Beruhigung, dass alles mit ihm in Ordnung ist. Dieser Verstorbene wird dann mit Ihnen in Kontakt treten, entweder durch einen Besuch im Traum, in einer Begegnung als Erscheinung oder indem er Ihnen ein Zeichen zukommen lässt. Wenn diese Erfahrung nicht deutlich genug für Sie war, dann bitten Sie den Verstorbenen um einen weiteren Kontakt.

Einen Brief schreiben. Diese Methode ist am wirkungsvollsten, wenn sie an einem stillen Ort durchgeführt wird. Suchen Sie sich einen ruhigen Platz im Freien, oder ziehen Sie sich in eine ruhige Ecke zu Hause zurück (unter Umständen auch ins Badezimmer, wenn es sonst keinen ganz privaten Bereich gibt!). Schreiben Sie einen Brief an Gott, an Ihren Schutzengel oder an Ihren geliebten Verstorbenen. Schütten Sie Ihr Herz aus über Ihren Wunsch nach einer Begegnung mit einem Engel und über Ihre Ängste und Vorbehalte. Beenden Sie diesen Brief mit einer starken Bitte um ihre Hilfe.

Gegenstände benutzen. Die Kirlian-Photographie zeigt, dass die Aura eines Gegenstandes von den Emotionen der Person beeinflusst wird, die ihn hält. Mit anderen Worten, die Energie eines Menschen zeigt sich auf ihren Besitztümern. Aufgrund dessen können Sie sich auf die Schwingung Ihres geliebten Verstorbenen begeben, wenn Sie eines seiner Besitztümer in die Hand nehmen, mit der Sie normalerweise nicht schreiben (das heißt, in Ihre Energie empfangende

Hand). Am besten nehmen Sie einen Gegenstand in die Hand, mit der die geliebte verstorbene Person ständig in Berührung war – wie zum Beispiel ein Ring, eine Uhr, Brillen oder eine Halskette. Metallgegenstände halten die Energie am längsten, doch jeder Gegenstand hat sein Quentchen Energie. Sie können auch die Fotografie der in Frage kommenden Person als eine Möglichkeit nehmen, sich auf ihre Energie einzuschwingen.

Wenn Sie den Gegenstand in der Hand halten, schließen Sie Ihre Augen und halten Sie an der Absicht fest, geistig mit der Person in Verbindung zu kommen. Bitten Sie Ihre Engel, als Telefonvermittler zu agieren und Ihren Anruf weiterzuleiten. Ganz gleich, ob Sie die Anwesenheit Ihrer geliebten verstorbenen Person spüren oder nicht, bitten Sie im Geiste diese Person, mit Ihnen in Kontakt zu treten.

In die Natur hinausgehen. Vielleicht ist der Grund, weshalb so viele Menschen Begegnungen mit ihren geliebten Verstorbenen an Gräbern haben, dass sie sich im Freien befinden. Die Seele eines Verstorbenen hält sich sicher nicht nur dort auf, wo ihre Knochen begraben oder ihre Asche aufbewahrt werden. Nach dem Tod identifizieren wir uns nicht mehr mit unseren Körpern! Doch wenn Sie das Grab eines geliebten Verstorbenen besuchen, denken Sie intensiv an ihn, und Sie befinden sich im Freien. Sie können diese beiden Situationen (ohne das Grab zu besuchen) herstellen, um mit Ihrem geliebten verstorbenen Menschen in Verbindung zu kommen. Gehen Sie einfach an einen schönen Ort in der Natur, und denken Sie intensiv an die verstorbene Person.

Dies funktioniert besonders gut, wenn Sie an einen Ort gehen, der Sie an den Verstorbenen erinnert. Wenn die geliebte verstorbene Person beispielsweise die Berge über alles liebte, kommen Sie mit ihr vielleicht in einen tieferen Kontakt, wenn sie ein Stück einen Berg hinauflaufen. Oder wenn Sie beide gerne um den See in Ihrer Stadt spazieren gingen, dann suchen Sie diesen Ort auf, um mit dem Verstorbenen in Verbindung zu treten. Wenn Sie am See entlangspazieren, stellen Sie sich vor, der geliebte verstorbene Mensch geht neben Ihnen, und führen Sie im Geiste ein Gespräch mit ihm. Über kurz oder lang werden Sie wahrscheinlich feststellen, dass die geliebte Person tatsächlich da *ist* und dass Ihre Unterhaltung echt ist!

Ein Fest abhalten. Nur weil ein geliebter Mensch seinen Körper verlassen hat, heißt das noch nicht, dass Sie seinen Geburtstag oder ein sonstiges bedeutsames Datum nicht mehr feiern könnten. Nach dem Tod meiner Großmutter Pearl veranstaltete ich ihr zu Ehren eine Geburtstagsparty, inbegriffen ein riesiger Strauß mit ihren Lieblingsblumen (Gladiolen), der den Tisch zierte. Sie hat garantiert an dieser Feier von der spirituellen Welt aus teilgenommen, sich daran gefreut und das Fest geschätzt.

Ihre verstorbenen Familienmitglieder besuchen jedes bedeutsame Fest oder alle Zusammenkünfte, die Sie veranstalten. Ignorieren Sie sie nicht! Begrüßen Sie im Geiste oder verbal Ihre geliebten Verstorbenen, wenn Sie ein Familientreffen haben. Sie werden es zu schätzen wissen, wenn wir sie erkennen und uns an sie erinnern, und für Sie wird es einfacher, ihre Gegenwart zu sehen, zu hören oder zu fühlen.

Sie können aber auch ein Fest abhalten, um mit Ihrem Schutzengel oder zum Himmel aufgefahrenen Meister in Verbindung zu kommen. Vielleicht fühlen Sie sich zum Beispiel an Feiertagen zu Ehren von Jesus Christus ihm besonders nahe und offen für ihn, was zu einer Begegnung führen könnte. Sie können auch ein kleines Fest begehen, um in Verbindung mit Ihren Engeln oder geistigen Führern zu treten, indem Sie eine freie Form des Tanzes ausüben oder trommeln.

Mit einer positiven und optimistischen Einstellung sind Sie Engelerfahrungen gegenüber, die ständig um sie herum passieren, offener. Seien Sie einfach offen dafür und aufmerksam. Ihre Verbindung mit Engeln geschieht am wahrscheinlichsten dann, wenn Sie es am wenigsten erwarten, da Sie in dem Moment am entspanntesten und offensten sind. Wie hier im Buch ausgeführt, können himmlische Begegnungen in vielfältiger Form geschehen. Erscheinungen, Traumbesuche, körperlose Stimmen, Begegnungen mit geheimnisvollen Fremden oder andere Zeichen sind nur einige der Möglichkeiten, wie der Himmel Ihre Gebete erhört.

16. KAPITEL

Sehen als Schlüssel zur Hellsichtigkeit

Sie können mit dem Himmel durch Visionen, Träume, Gefühle oder indem Sie Worte hören in Verbindung treten. Doch ich habe herausgefunden, dass die meisten Menschen den starken Wunsch nach einer visuellen Erfahrung mit dem Himmel haben. Vielleicht, weil »sehen heißt glauben« dahinter steht. Und die meisten meiner Teilnehmer sagen mir, dass sie lieber einen Engel sehen als hören möchten. Doch sosehr sie dies auch wünschen, so sehr fürchten sie es auch.

Unzählige Hollywoodfilme haben uns gezeigt, dass verstorbene Personen nur ein bisschen schöner als Monster sind. Nach diesen Filmen sehen die Toten genau so aus, wie sie aussahen, als sie starben – schauerlich. Sie tragen zerfetzte Kleidung, Bandagen um die Köpfe und haben Ringe unter ihren Augen!

Glücklicherweise gründen sich die Hollywoodphantasien über Tote auf Angst und nicht auf der Wirklichkeit. Der Film, der Erscheinungen verstorbener Leute vielleicht am wirklichkeitsgetreuesten darstellt, ist der Film »Always« mit Richard Dreyfuß und Holly Hunter in den Hauptrollen. Dieser Film zeigt, dass die Verstorbenen wie normale durchschnittliche Leute aussehen und handeln. Sie brauchen also keine Angst zu haben, bei Ihren geliebten Verstorbenen Blut fließen oder geronnenes Blut zu sehen.

In diesem Kapitel zeigen wir Methoden auf, wie Sie

sich für eine visuelle Begegnung mit dem Himmel öffnen können. Wie Sie bereits wissen, steht Ihnen die Hilfe der Engel reichlich zur Verfügung, vorausgesetzt, dass Sie darum bitten.

Engel für die Hellsichtigkeit

Eine starke Gruppe von Engeln hilft Ihnen dabei, Ihr »drittes Auge« zu öffnen, das die Verbindung, sozusagen die Leitung zu Ihrer Hellsichtigkeit ist. Diese winzigen Engel versammeln sich um Ihr drittes Auge, um es von seelisch-geistigem Schutt und Ungleichgewicht zu befreien und zu heilen. Wenn ich diese Engel anrufe, kann ich fühlen, wie sie um den Bereich meiner Brauen und meines dritten Auges herum arbeiten. Um sie zu rufen, bleiben Sie eine Weile bei diesem geistigen Gedanken:

»Engel der Hellsichtigkeit, ich rufe euch jetzt. Bitte kommt zu meinem dritten Auge und befreit es von jeder Art von Blockaden und heilt jede Art von Schmerz, der meine spirituelle Sicht behindern könnte. Bitte helft mir, hinter den Schleier zu schauen. Danke.«

Entspannen Sie sich eine Weile, und atmen Sie dabei tief. Nehmen Sie alle Gefühle und geistigen Bilder wahr. Behalten Sie ein offenes Herz, und bedanken Sie sich in jedem Fall nach einer Weile bei den Engeln der Hellsichtigkeit, auch wenn Sie ihre Gegenwart nicht wahrnehmen oder unsicher sind, ob sie in Ihrer Nähe sind.

Rufen Sie dann geistig nach dem Erzengel Raphael, indem Sie zum Beispiel sagen: »Erzengel Raphael, bitte komme jetzt zu mir.« Stellen Sie sich einen Moment vor, wie Raphael aussehen könnte, wenn Sie ihn sehen könnten. Visualisieren Sie oder fühlen Sie, wie Raphael Ihnen seine Zeigefinger auf Ihr drittes Auge legt. Vergewissern Sie sich, dass Sie während dieses Vorgangs ruhig atmen, um Raphaels Hilfe voll und ganz zu akzeptieren. Er sendet heilendes grünes Licht durch seinen Finger in Ihr drittes Auge. Es kann sein, dass Sie Wärme oder einen Druck zwischen Ihren beiden Augen spüren. Wenn es schmerzhaft wird, bitten Sie Raphael im Geiste, das unangenehme Gefühl von Ihnen zu nehmen. Die Engel der Hellsichtigkeit und der Erzengel Raphael können Ihnen helfen, dass Sie hellsichtiger werden. Natürlich müssen wir mit den Engeln zusammenarbeiten, um irgendein Ziel zu erreichen. Erinnern Sie sich an den Abschnitt über die positive Einstellung im vorherigen Kapitel? Nirgends ist diese wichtiger als bei der Entwicklung der Hellsichtigkeit. Zweifel ziehen einen dunklen Vorhang über das dritte Auge, während Optimismus das Fenster zu einer klaren Sicht öffnet.

»Ich habe große visuelle Fähigkeiten«

Im vorherigen Kapitel sprachen wir von Affirmationen, die uns helfen können, Begegnungen mit Engeln zu haben. Gleichzeitig ist es aber auch wichtig, es zu vermeiden, negative Affirmationen über Ihre hellseherischen Fähigkeiten zu benutzen. So viele meiner Teilnehmer, die zur Entwicklung ihrer hellseherischen Fähigkeiten zu mir kommen, klagen, sie hätten »einfach keine visuellen Fähigkeiten.« Sie sagen einfach nichts zu sehen, wenn sie ihre Augen schließen.

Doch wissenschaftliche Studien haben ergeben, dass jeder visuelle Träume hat, ob er sich nun bewusst daran erinnern kann oder nicht. Es ist unmöglich, *nicht* visuell veranlagt zu sein. Erwiesenermaßen gibt es einige Leute, die ihre Umgebung primär visuell erfahren. Sie achten mehr darauf, wie Dinge und Leute aussehen, und nicht so sehr darauf, was sie in ihrer Umgebung hören oder fühlen. Doch jeder einzelne Mensch nimmt visuelle Zeichen wahr, sogar der Blinde!

Wenn Sie zu sich selbst sagen, Sie hätten keine visuellen Fähigkeiten, dann fasst Ihr Unterbewusstsein dies als einen Befehl auf. Ich sage zu meinen Teilnehmern: »Ich kann Ihnen nicht helfen, wenn Sie entschieden haben, dass Sie keine visuellen Fähigkeiten haben.« Daher betone ich immer wieder, wie wichtig es ist, positiv zu verstärken, was wir wünschen, auch wenn es sich am Anfang falsch oder wie eine Manipulation anhört. Am Ende holt die Wirklichkeit unsere Affirmationen und Vorstellungen von dem, was wir fordern, immer ein. Anders ausgedrückt, wenn Sie sich immer wieder sagen: »Ich habe große visuelle Fähigkeiten«, dann sorgt Ihr Unterbewusstsein dafür, dass dies Wirklichkeit wird. Sie entwickeln nicht nur die Fähigkeit, die geistige Welt zu sehen, sondern Sie werden auch in der Lage sein, geistige Bilder aus gelesenem Material und die Gesichter neuer Bekanntschaften vor Ihrem geistigen Auge zu sehen und im Gedächtnis zu behalten. Große visuelle Fähigkeiten zu haben ist recht nützlich!

Kristall- und Energiearbeit auf dem dritten Auge

Während meiner ausführlicheren Kurse zur Entwicklung hellseherischer Fähigkeiten wende ich Kristall- und Energiearbeit am dritten Auge meiner Teilnehmer an. Diese Methode hat sich als recht wirksam dabei erwiesen, »renitente« dritte Augen zu öffnen. Sie können sie auch bei sich selbst durchführen, doch es ist wahrscheinlich effektiver, wenn eine einfühlsame Person (insbesondere ein ausgebildeter Energieheiler) diese Prozedur durchführt:

Legen Sie den Zeige- und Mittelfinger Ihrer rechten Hand auf das dritte Auge. Legen Sie die gleichen Finger Ihrer linken Hand auf die Hinterseite Ihres Kopfes. Visualisieren Sie einen hellen weißen Lichtstrahl, der von Ihrer rechten zu Ihrer linken Hand springt. Dieser Lichtstrahl beseitigt die Blockaden im Kopf und im dritten Auge. Sie erhalten Informationen über die Natur der Blockade in Ihrem dritten Auge, was ebenfalls hilfreich sein kann. Als Beispiel wird Ihnen vielleicht ein besonderer Vorfall aus der Vergangenheit übermittelt, der bei Ihnen die Angst vor geistigen Visionen auslöste. Die Methode funktioniert auch gut, wenn Sie ein Stück reinen Quarz-Kristall in Ihrer rechten Hand halten.

Die Sichthemmung vom Auge nehmen

Diese Methode braucht eine zweite Person, um den Heilungsprozess in Gang zu bringen. Immer wenn ein schmerzhafter oder erschreckender Vorfall im Zusammenhang mit der Hellsichtigkeit geschieht, richten wir um unser drittes Auge eine Mauer auf. Das ist vergleichbar damit, wenn wir eine Mauer um unser Herz aufbauen, um uns vor wiederholten seelischen Verletzungen zu schützen.

Die schmerzhaften Vorfälle, die im Zusammenhang mit blockierter Hellsichtigkeit stehen, hängen meistens mit Kindheitserfahrungen zusammen. Hier nenne ich einige typische Kindheitserfahrungen, die dazu führen können, dass jemand sein drittes Auge verschließt:

- **Ausgeschimpft werden.** Ein hellsichtiges Kind wird bestraft oder zurechtgewiesen, weil es übersinnliche Fähigkeiten zeigt. Dem Kind wird gesagt, dass dies schlecht ist oder verrückt, oder es wird beschuldigt zu lügen.
- **Erschreckt werden.** Das Kind hat eine negative Vision von einem zukünftigen Geschehen, das dann auch eintritt, und denkt, dass es dieses Geschehnis irgendwie verursacht hat oder es hätte verhindern können.
- **Gehänselt werden.** Dem Kind wird erzählt, dass es sonderbar ist oder zu empfindlich, oder es hat das Gefühl, es gehört nicht oder passt nicht zu den anderen aufgrund seiner übersinnlichen Visionen.
- **Für ungültig erklären.** Dem Kind wird erklärt, dass das, was es sieht oder hört, nicht echt ist. »Dein unsichtbarer Freund existiert nicht wirklich, und du musst erwachsen werden.«
- **Verurteilt werden.** Das Kind wird als »Besserwisser« hingestellt, was der Wahrheit entspricht, da es mit dem kollektiven Wissen des göttlichen Geistes verbunden ist.

Die meisten Leute, die aufgrund von Kindheitserfahrungen blockiert sind, erinnern sich, dass sie in ihrer Kindheit und Jugend visuelle Erfahrungen hatten. Leute, die behaupten, dass sie niemals irgendeine Form von Hellsichtigkeit hatten, haben oft schmerzvolle Erlebnisse früher als in ihrer Kindheit gehabt. Mit anderen Worten, ihre Blockaden stammen aus früheren Leben. Ob Sie nun an frühere Leben glauben oder nicht, die Heilmethode, die ich bald hier beschreiben werde, ist sehr wirksam und sollte nicht aufgrund unterschiedlicher Überzeugungen ausgelassen werden.

Hier nenne ich einige typische Erfahrungen aus früheren Leben, die gewöhnlich Auslöser für Blockaden im Bereich des dritten Auges sind:

- **Tod oder Folter.** Zahllose Metaphysiker und spirituell Suchende sind während der Spanischen Inquisition und den Hexenverfolgungen getötet worden. Der Tod geschah auf grausame Weise, indem die spirituell sensitive Person verbrannt oder gehängt wurde.
- **Entwürdigung.** Einige Leute wurden mitten in der Stadt an den Pranger gestellt und wurden mit Steinen oder anderen Gegenständen beworfen.
- **Verlust.** Manchen Leuten wurden sogar die Kinder oder ihr Besitz weggenommen.
- **Zeuge traumatischer Ereignisse.** Bei einem entsetzlich gewaltsamen Geschehen, wie etwa bei einem Krieg oder bei einer Kreuzigung, dabei gewesen zu sein hat einige Leute dazu gebracht, das dritte Auge zu verschließen, weil sie nie wieder *sehen* wollten.

Diejenigen, die schmerzvolle Erfahrungen in ihrer Kindheit oder in ihren früheren Leben (im Zusammenhang mit Hellsichtigkeit) gemacht haben, bedecken ihr drittes Auge oft, um sich zu schützen. Dieser Schutz ist wie ein Verband, der alte Wunden bedeckt. Um diesen »Verband« zu entfernen, müssen Sie mit einer anderen Person arbeiten. Es ist von Vorteil, wenn die Person einfühlsam und intuitiv ist. Wenn Sie diese Methode mit einer Person durchzuführen versuchen, die skeptisch ist oder kritisiert, kann dies dazu führen, dass Sie sich noch weiter von der Hellsichtigkeit entfernen.

Hier nenne ich die einzelnen Schritte:

1. Halten Sie Ihre Hand im Abstand von etwa einem Zentimeter vor dem dritten Auge der Person.

2. Tun Sie so, als würden Sie einen langen, im Kreis angelegten, klebenden Verband abwickeln, der den Bereich um das dritte Auge bedeckt.

3. Wickeln Sie den Verband schnell ab, so, wie Sie es tun würden, wenn Sie einen Verband von der Wunde eines Kindes abwickeln.

4. Legen Sie sofort den Mittelfinger Ihrer »Schreibhand«auf das dritte Auge der Person.

5. Sehen oder fühlen Sie, wie Sie heilende Energie in das dritte Auge der Person schicken.

6. Führen Sie gleichzeitig ein geistiges Gespräch mit dem dritten Auge. Fragen Sie es: »Was schmerzt dich? Was hat dich erschreckt?«

7. Hören Sie die Antwort des dritten Auges mit Ihrer Intuition, mit Ihren Gedanken, Ihrer Vision und Ihrem inneren Ohr. Wie ein Patient, der sich in der Praxis eines Arztes befindet, wird das dritte Auge Ihnen seine Geschichte erzählen, warum es sich versteckt hat.

8. Übermitteln Sie diese Information an die andere Person, während Sie damit fortfahren, das dritte Auge mit Ihrer liebenden Energie zu beruhigen und zu heilen.

9. Wenn nötig, helfen Sie der anderen Person, alten Zorn, alte Ängste oder Groll loszulassen. Ermutigen Sie die Person zu sagen: *»Ich bin bereit, diese Situation und alle damit verbundenen Verletzungen Gott und den Engeln zu überlassen. Ich bitte, dass die Auswirkungen der Situation in alle Richtungen der Zeit ungeschehen gemacht werden mögen und dass jegliches Karma für alle Beteiligten in der Sache ausgeglichen werden möge.«*

Hellsichtige Erfahrungen

Es gibt unterschiedliche Typen von hellseherischen Erfahrungen. Um eine hellseherische Erfahrung zu haben, sollte man die folgenden Punkte beachten:

- um die Erfahrung bitten oder um Hilfe beten;
- die Antwort, die kommt, als etwas betrachten, das Sie sehen;
- dem trauen, was Sie sehen; und

jeder Art von Führung folgen, die aus Ihrer hellsichtigen Vision kommt.

Zeichen von oben

Der erste Typus hellseherischer Erfahrung manifestiert sich darin, dass Sie Zeichen wahrnehmen. Manche Leute tun diese Art von Erfahrungen als Zufall ab. Auf diese Weise bemerken Sie nie, dass ihre Gebete erhört wurden.

Hier nenne ich einige typische Möglichkeiten, mit denen der Himmel uns durch den Gebrauch von Zeichen eine Bestätigung und geistige Führung zukommen lässt. Wenn Sie solche Zeichen drei oder mehrere Male sehen oder entsprechende Erfahrungen machen, seien Sie bitte ganz aufmerksam, denn dann erhalten Sie ein Zeichen von oben. Meistens sind Zeichen nur ein Weg des Himmels, Ihnen zu sagen: »Hallo, ich bin hier bei dir!« Wenn Sie aber annehmen, dass Ihr Engel oder Ihr geliebter Verstorbener Ihnen mehr zu sagen hat, bitten Sie auf jeden Fall um deutlichere Aussagen. Sagen Sie im Geiste einfach: »Ich möchte wirklich gerne wissen, was du versuchst, mir zu sagen, doch ich bin mir nicht sicher, was dieses Zeichen bedeutet. Bitte gib mir zusätzlich mehr Klarheit.« Wenn Sie wissen möchten, wer im Himmel Ihnen dieses Zeichen gesandt hat, können Sie auch um diese Auskunft bitten.

Typische Zeichen

- **Engelslichter.** Sie sehen funkelnde Lichter oder das Aufleuchten von Licht, das Sie an das Blitzlicht einer Kamera erinnert. »Engelslichter« rühren von der Reibung her, die Ihre Engel erzeugen, wenn sie sich durch Raum und Zeit bewegen.

• **Reaktionen von Tieren.** Ihr Hund bellt die Wand an, als würde er dort jemanden sehen. Ihre Katze flitzt plötzlich vor etwas aus dem Raum, das sie gesehen hat.

• **Schmetterlinge, Vögel und Falter.** Sie sehen Dutzende dieser fliegenden Wesen oder einen ganz bestimmten, der Sie anschaut oder Ihnen folgt.

• **Wolken.** Sie sehen eine Wolke mit der Form eines Engels als Zeichen, dass Ihr geliebter Verstorbener mit den Engeln im Himmel ist und dass die Engel über Sie wachen.

• **Münzen.** Sie finden »Himmelspfennige« an merkwürdigen Orten.

• **Federn.** Sie finden eine Feder an einem ungewöhnlichen Platz oder sehen eine Feder, die vom Himmel herunter auf Sie zufliegt.

• **Blumen.** Sie sehen die Lieblingsblumen Ihres geliebten Verstorbenen, oder *Ihre* Lieblingsblume.

• **Unterbrochener Fernsehempfang oder flackernde Lichter.** Das Fernsehen flimmert plötzlich, der Empfang ist vorübergehend unterbrochen, oder die Lichter werden schwächer oder flackern.

• **Gegenstände sind verlegt.** Sie wissen ganz sicher, dass Sie Ihre Halskette in die Schmuckkassette gelegt haben, doch jetzt liegt sie auf dem Regal.

- **Zahlenfolge.** Immer wenn Sie auf die Uhr oder auf ein polizeiliches Kennzeichen schauen, lesen Sie »111« oder eine andere Folge von gleichen Zahlen. (Mein Buch »Healing with the Angels/Heilung mit Engeln«, Hay House, 1999 hat diese Zahlenfolge, und die Bedeutung ist damit verbunden.)

- **Regenbogen.** Sie sehen einen Regenbogen im Himmel, und Sie wissen intuitiv, dass er ein Zeichen eines geliebten Verstorbenen ist, dass mit ihm alles in Ordnung ist. Oder Sie sehen wiederholt Regenbogenzeichnungen, -abziehbilder oder -abzeichen an unerwarteten Stellen.

- **Wort- und Satzwiederholungen.** Jedes Mal, wenn Sie in eine Zeitung, in eine Illustrierte oder auf die E-Mail eines Freundes schauen, lesen Sie dieselben Worte oder Sätze. Zum Beispiel erhielt ich wiederholt unverlangte Artikel über das Schwimmen mit Delphinen, bis ich schließlich einwilligte.

Visionen aus dem Augenwinkel

Ein anderer Typus hellsichtiger Erfahrung ist mit Visionen verbunden, die Sie peripherisch sehen. Zum Beispiel sehen Sie eine Person aus Ihren Augenwinkeln, doch wenn Sie sich umdrehen, ist die Person verschwunden. Bewegungen oder Licht werden aus der Peripherie unserer Augen oder aus den Augenwinkeln sensitiver wahrgenommen, als wenn wir nach vorne blicken. Daher sehen Sie wahrscheinlich wirklich Engel und geistige Führer aus ihren Augenwinkeln heraus. Doch wenn Sie sich umdrehen, um geradeaus oder frontal zu blicken, verlieren Sie die Sensivität Ihrer Augen.

Wenn Sie in Ihren Badezimmerspiegel schauen, sehen Sie eine Person, die hinter Ihnen steht. Sie drehen sich schnell herum, aber da ist niemand. Sehr oft sehen wir flüchtige Bilder von Leuten, wenn unsere Augen entspannt sind, zum Beispiel, wenn wir uns rasieren oder uns schminken und dabei in den Badezimmerspiegel blicken.

Geistige Bilder

Eine weitere Form von Hellsichtigkeit passiert, wenn Sie vor Ihrem geistigen Auge ein Bild oder einen Film sehen. Sie begegnen einer neuen Person, und vor Ihrem inneren Auge läuft ein Film ab, in dem Sie diese Person schreien und brüllen sehen. Obwohl Sie die Person gerade erst kennen gelernt haben und sie lächelt und freundlich ist, wissen Sie aus Ihrer Vision, dass sie ein hitziges Temperament hat.

Meine Mutter zum Beispiel ärgerte sich, weil die Klimaanlage ihrer Nachbarn nebenan extrem laut war. Sie brummte, dröhnte und quietschte laut und störte die Ruhe und den Frieden meiner Mutter. Sie betete um Hilfe und sah dann vor ihrem geistigen Auge einen Film von einem weißen Lieferwagen mit der Aufschrift »Reparaturen von Klimaanlagen«, der in der Einfahrt ihrer Nachbarn parkte. Einige Stunden später wurde diese Szene Wirklichkeit, und die Klimaanlage ihrer Nachbarn wurde repariert und machte keinen Lärm mehr.

Einige der Geschichten von Engelbegegnungen, die Sie in »Engelvisionen« und »Engelvisionen II« finden, passierten, während die Leute meditierten. Sie können eine sehr reale Begegnung mit einem himmlischen Wesen haben, wenn Sie an einem ruhigen Ort meditieren. Halten Sie an dem Wunsch fest, jemanden im Himmel zu begegnen, oder stellen Sie eine Frage und erlauben Sie dem Himmel, einen Engel, einen geliebten Verstorbenen oder einen Propheten oder Heiligen »zu beauftragen«, Ihre Frage zu beantworten.

Schließen Sie Ihre Augen, atmen Sie tief und halten Sie Ihren Geist offen. Vielleicht haben Sie eine detailgenaue Vision von dem Wesen, oder Sie machen eine Erfahrung, die einem Wachtraum ähnlich ist, bei der Sie sich hin und her bewegen und mit anderen Wesen interagieren. Ihre Meditation kann aber auch verschwommener sein, und Sie begegnen irgendwelchen Gestalten oder Formen oder Lichtern. Jede Form von Meditation hat starke Heilwirkungen und ist die Bemühung wert.

Traumbesuche

Wissenschaftler der Virginia-Universität haben sich mit Traumbesuchen beschäftigt, bei denen eine Person von einem geliebten Verstorbenen träumt. Dr. Ian Stevenson und John Palmer haben aus ihren Untersuchungen den Schluss gezogen, dass die »Lebhaftigkeit« der Indikator dafür ist, dass die Begegnung eine wirkliche ist und nicht nur ein Traum. Lebhaftigkeit bedeutet, dass die Farben im Traum intensiv, die

Emotionen stark, die darin enthaltene Botschaft klar sind, und die Erinnerung an den Traum verblasst nicht hinterher.

Sie können einen Traumbesuch selbst heraufbeschwören, oder aber er passiert spontan als Antwort auf Ihre Gebete oder auf Ihre Sorgen, die Sie sich machen. Die Mehrzahl der Traumbesuche ist tröstlich und heilend. Gelegentlich jedoch träumt eine Person von einem geliebten Verstorbenen, der ihr eine verschlüsselte Botschaft übermittelt. Die Person wacht auf und fragt sich: »Was hat das zu bedeuten?« Wie bei manchen Rätseln der Fall, kommt die Antwort nur intuitiv, ohne eine klare Bestätigung.

Um einen Traumbesuch heraufzubeschwören, führen Sie zunächst ein geistiges Gespräch mit dem bestimmten geliebten Verstorbenen, Ihrem Schutzengel oder einem Propheten oder Heiligen, oder schreiben Sie einen Brief an ihn. Bitten Sie darum, dass dieses Wesen in Ihrem Traum erscheint, spezifizieren Sie aber nicht, wann das sein soll. Wenn Sie zu einem Problem eine Beruhigung oder Hilfe benötigen, bitten Sie auch darum.

Essen Sie leichte Kost und vermeiden Sie bewusstseins- oder stimmungsverändernde Medikamente oder Alkohol, die sich störend auf Ihre Traumerfahrungen auswirken können. Machen Sie am frühen Morgen gymnastische Übungen, um einen guten Schlaf in der Nacht zu garantieren. Nehmen Sie ein warmes Bad oder eine warme Dusche, bevor Sie zu Bett gehen, um sich noch weiter zu entspannen. Vergewissern Sie sich, dass Sie bequeme Schlafbedingungen mit frischer Bettwäsche und einem ruhigen, dunklen Raum haben.

Bevor Sie einschlafen, wiederholen Sie Ihre Absicht und Ihren Wunsch, eine Traumbegegnung zu haben. Bitten Sie im Geiste das Wesen in Ihrem Traum zu erscheinen. Bitten Sie auch den Erzengel Michael, Ihren Wunsch nach einem Traumbesuch zu unterstützen. Wichtig ist, sich nicht zu verspannen, ungeduldig zu sein oder einem Traumbesuch erzwingen zu wollen. Lassen Sie auch nicht das Gefühl von Frustration zu, wenn der Traum mit Verzögerung kommt. Werden Sie nicht wütend auf den geliebten Verstorbenen, wenn er sich nicht sofort im Traum zeigt, und seien Sie nicht eifersüchtig auf Leute, die schon einen Traumbesuch gehabt haben. Zorn und Urteilen kommen von unserem Ego, und unser Ego ist nicht hellsichtig. Beten Sie um die Hilfe der Engel, wenn Sie während Ihrer Trauminvokationen mit Ihrem Ego konfrontiert werden.

Wenn Sie bei Ihrer Absicht bleiben, bitten Sie um Hilfe, und bleiben Sie offen. Ihr Wunsch nach einem Traumbesuch wird wahrscheinlich innerhalb weniger Tage Wirklichkeit. Der Traum wird mehr als real erscheinen, und Sie werden wissen, dass es nicht ein bloßer Traum war. Sie haben wirklich Besuch von einem Wesen von der anderen Seite gehabt!

Viele Traumbesuche haben eine heilende Wirkung. Zum Beispiel erzählte mir eine Workshop-Teilnehmerin, dass sie und ihr Vater nie gut miteinander klargekommen sind. Sie hatten sich zu seinen Lebzeiten immer wieder gestritten, und er starb ohne einen Versuch der Wiedergutmachung. Sie betete um eine Möglichkeit, diese Situation zu lösen. Einige Tage später hatte sie den folgenden Traum:

»Ich saß mit meinem Vater auf der Spitze eines Berges. Er war Hutmacher gewesen und trug einen seiner Lieblingshüte, einen schwarzen Filzhut. Ich konnte viele Leute am Fuße des Berges sehen, die dort zu stehen und zu uns zu blicken schienen, auch wenn die Entfernung für mich zu groß war, um irgendwelche Gesichter erkennen zu können. Ich konzentrierte mich in erster Linie auf meinen Vater. Wir beseitigten so viele unserer Missverständnisse und sagten einander ›Ich liebe dich‹ und umarmten uns.

Als ich aus dem Traum erwachte, wusste ich, dass sich etwas Wichtiges zwischen meinem Vater und mir gelöst hatte. Am folgenden Tag erzählte ich beim Mittagessen einer Freundin, die meinen Vater nie gesehen hatte, von meinem Traum. Noch ehe ich mit der Beschreibung meines Traums zu Ende war, schnappte sie nach Luft und sagte: ›Oh, jetzt fällt mir ein, dass ich von dir letzte Nacht geträumt habe! Ich war am Fuße eines Berges und sah dich und einen Mann im schwarzen Hut auf der Spitze des Berges sitzen und miteinander reden. Ich konnte die Einzelheiten eurer Gesichter nicht erkennen, doch ich wusste, dass du es bist, und ich sah, wie ihr beide euch umarmtet.‹«

Erfahrungen mit Erscheinungen

Jeden, den ich bisher zu seiner Erfahrung mit Erscheinungen interviewt habe, erzählt dasselbe: Es ist eine extrem angenehme Begegnung und ist nicht mit Angst verbunden. Die lebende Person weiß, dass es kein Traum ist. Typisch ist, dass die Person mitten in der Nacht wach wird und einen bläulich weißen Schein am Fußende ihres Bettes wahrnimmt. Sie sieht die winzige Gestalt eines geliebten Verstorbenen.

Ohne Worte, nur über die geistige Telepathie tauschen sie sich aus. Der Verstorbene sagt: »Es geht mir gut. Mach dir keine Sorgen um mich. Mach dein Leben weiter. Ich liebe dich«, und bietet dann vielleicht noch aufrichtige Hilfe an. Danach fühlt die lebende Person sich getröstet und von Kummer befreit. Das macht Sinn, denn ein großer Teil des Kummers rührt von folgenden Punkten her:

• **Die verstorbene Person vermissen.** Die Begegnung ist, als wäre die verstorbene Person physisch anwesend. Viele Leute berichten, dass sie den geliebten Verstorbenen riechen und seine Berührung während des Besuches spüren können.

• **Sich Sorgen um die verstorbene Person machen.** Die verstorbene Person zerstreut die Sorgen und versichert der lebenden Person: »Mir geht es gut.«

• **Wut.** Die Erfahrung mit einer Erscheinung zu machen räumt Missverständnisse aus. Sie machen sich zum Beispiel Sorgen darüber, ob die geliebte verstorbene Person auf Sie wütend ist, weil Sie sie nicht oft genug besucht haben oder nicht an ihrem Sterbebett waren. Ich habe nie einen lieben Verstorbenen getroffen, der wegen solcher Gründe wütend war! Nichtsdestotrotz ist es tröstlich, vergebende Worte zu hören oder Vergebung in einer Angesicht-zu-Angesicht-Begegnung zu übermitteln.

Sie können eine Erscheinung heraufbeschwören, wenn Sie einfach um eine bitten. Denken Sie jedoch daran, dass der Besuch einer Erscheinung im Durchschnitt nur fünf Minuten dauert und die meisten

Leute nur einen solchen Besuch von einem geliebten Verstorbenen haben. Es braucht eine ungeheure Energie für einen Gestorbenen, als Erscheinung zu erscheinen. Manchmal müssen sie sich Energie von ihren eigenen geistigen Führern »leihen«, um einen Besuch zu machen. Es ist leichter für sie, in unseren Träumen zu erscheinen, als während unseres Wachzustandes.

Ich habe viele Familien interviewt, in denen nur ein Familienmitglied eine Erscheinung von einem verstorbenen Verwandten sah. Die anderen Familienmitglieder fragten sich: »*Vielleicht liebt der geliebte Verstorbene mich nicht so sehr wie diejenige oder denjenigen, der die Erscheinung sah.*« Doch die Faktoren, die ausschlaggebend sind, wer in der Familie eine Erfahrung mit einer Erscheinung machen wird, sind eher subjektiv, als dass sie etwas damit zu tun haben, wer »liebenswerter« ist. Es ist kein Popularitäts-Wettbewerb.

Es scheint, dass die Familienmitglieder, die am entspanntesten sind, die meisten Erfahrungen mit Erscheinungen machen. Ein weiterer Faktor ist, nüchtern zu sein. Von Kummer übermannte Leute greifen oftmals zum Alkohol oder zu anderen Drogen (sowohl zu verbotenen als auch zu verschriebenen), um ihren Schmerz erträglicher zu machen. Solche Drogen aber verhindern, dass sie eine Erscheinung haben, die ihren Schmerz heilen könnte!

Ich habe auch herausgefunden, dass diejenigen, die sich an den geliebten Verstorbenen mit der dringenden Bitte um Hilfe wenden, oft Erscheinungen als Folge davon haben. »Bitte, Oma, ich muss wissen, ob es dir gut geht!«, kann dazu führen, dass Ihre Großmutter Ihnen in Ihrem Schlafzimmer erscheint, um Sie persönlich zu beruhigen.

Hellsichtigkeit hat viele Formen. Es ist wichtig, dass Sie jeder visuellen Kommunikation, die Sie vom Himmel erhalten, trauen und sie schätzen. Ich empfehle Ihnen auch, ein Tagebuch über Ihre Erscheinungserfahrungen zu führen, da Aufzeichnungen übersinnliche Erfahrungen auszulösen (oder zumindest das Bewusstsein dafür zu erhöhen) scheinen.

Unsere Engelbegegnungen können auch darin bestehen, dass wir eine Stimme, ein Geräusch oder einen Satz hören. Hellhörigkeit (oder klares Hören) kann in der gleichen Weise wie Hellsichtigkeit entwickelt werden. Darüber lesen Sie im nächsten Kapitel.

17. KAPITEL

Hören als Schlüssel zur Hellhörigkeit

Als Psychologiestudentin erzählten uns unsere Lehrer, ein Zeichen von Geisteskrankheit wäre das Hören von Stimmen. Ich wusste noch nicht viel davon, dass ich eines Tages Leute lehren würde, die Stimme des GEISTES zu hören. Die Wahrheit, die ich heute weiß, ist, dass die Stimme Gottes zu hören die gesündeste Sache ist, die uns widerfahren kann.

Die lauten, direkten Stimmen, über die Sie im zehnten Kapitel etwas gelesen haben, hört man im Allgemeinen nur bei Notsituationen. Die meiste Zeit sprechen Gott und die Engel zu uns in einem leiseren, sanfteren Ton. Das verlangt von uns, dass wir die Lautstärke in unserem Kopf und in unserer Umgebung herunterdrehen.

Doch der Himmel versucht auch, uns zu helfen, ihn klar zu hören. Meine Mutter befand sich in einer Situation, die ich seitdem bei vielen anderen Leuten vorgefunden habe. Sie wollte wirklich die Stimme des Himmels hören und sagte daher während einer Meditation mental zu ihren geistigen Führern: »Ein bisschen lauter, bitte.«

Sie hörte immer noch nichts, konnte aber die Anwesenheit von Wesen in ihrer Nähe spüren und fühlte, dass sie versuchten, ihr etwas zu sagen. »Lauter bitte!«, betete meine Mutter.

Nachdem sie eine Weile darum gebeten hatte, der

Himmel möge die Lautstärke erhöhen, hörte sie plötzlich die Stimme ihrer Großmutter in durchdringendem Ton sagen: »Ich bin genau hier!«

Gott, die Engel und unsere geistigen Führer heißen unser Feedback während unserer Unterhaltungen willkommen. Wenn Sie sie nicht hören oder verstehen können, bitte sprechen Sie das an! Bitten Sie sie, lauter zu sprechen und Ihnen rätselhafte Bemerkungen zu erklären.

Ich werde oft gefragt: »Wie weiß ich den Unterschied, dass es sich um eine echte Kommunikation mit einem Engel und nicht um etwas handelt, das meiner Einbildungskraft entspringt?« Es gibt verschiedene Unterscheidungsmerkmale:

Authentische Führung	**Falsche Führung von Engeln**
Liebevoll und voller Wärme	Negativ und missbrauchend
Unterstützend	Entmutigend
Kurz und prägnant	Übermäßig wortreich
Die Sätze fangen mit den Worten *Du* oder *Wir* an	Die Sätze fangen mit dem Wort *Ich* an
Es wird davon gesprochen, wie Sie anderen helfen können	Es wird davon gesprochen, wie Sie etwas von anderen bekommen können

Sie werden ermutigt, Träume zu verfolgen	Ihre Zweifel, ob Ihre Träume sich verwirklichen können
Sie werden inspiriert, Ihre Talente zu entwickeln	Sie werden davon abgelenkt, Ihre Talente einzusetzen
Sie werden gebeten, Ihre Zeit in ausgeglichener Weise zu nutzen	Sie werden dazu geführt, sich zu sehr auf einen Bereich Ihres Lebens zu konzentrieren

Formen von hellhörigen Kontakten

Wie Sie in diesem Buch gelesen haben, manifestieren sich Begegnungen mit Engeln auf hellhöriger Ebene in vielfältiger Weise. Manche Leute hören lebensrettende Warnungen. Andere Leute hören Botschaften als Antwort auf ihre Gebete. Zum Beispiel erzählte mir eine Frau namens Mary, dass sie unglücklich war, als Krankenschwester in einer riesigen Gesundheitsorganisation zu arbeiten. Sie betete um einen Rat und Führung, und binnen Tagen hörte sie eine laute männliche Stimme sagen: *»Nimm deine Tasche und gehe zu Wal-Mart.«* Mary war bestürzt. Sie wollte nicht bei Wal-Mart arbeiten. Sie wollte weiter Krankenschwester bleiben! Die Stimme wiederholte: *»Nimm deine Tasche und gehe zu Wal-Mart.«* »Aber ich brauche nichts aus dem Kaufhaus«, entgegnete Mary. *»Nimm deine Tasche und gehe jetzt zu Wal-Mart!«* befahl die Stimme. Was hätten Sie getan?

Mary nahm ihre Tasche und fuhr zu Wal-Mart. Sie

hatte das Gefühl, als befinde sie sich in einer Episode aus »*Twilight Zone*« während sie fuhr. Warum fuhr sie zu Wal-Mart? Was machte sie, wenn sie dort ankam?

Als sie bei Wal-Mart auf den Parkplatz fuhr, fuhr ein anderes Auto gerade von diesem Parkplatz herunter. Mary musste zweimal hingucken, denn sie kannte die beiden Frauen in dem anderen Auto. Es waren Susan und Barbara von der Schwesternschule! Mary öffnete schnell ihr Autofenster und platzte heraus: »Habt Ihr eine Arbeit für mich?« Susan und Barbara lächelten, als sie Mary wiedererkannten und antworteten: »Ja, tatsächlich, wir haben eine Arbeit.« Sie halfen dabei, eine kleine Klinik aufzubauen und suchten nach einer weiteren Krankenschwester für ihr Klinikpersonal. Mary arbeitet jetzt in dieser Klinik und ist sehr froh darüber, dass sie *ihre Tasche nahm und zu Wal-Mart ging!*

Wäre es nicht schön, wenn uns jede göttliche Führung so klar übermittelt würde? Die meisten Leute hören unter den alltäglichen Gegebenheiten eine leisere und subtilere Art von Rat und Führung. Mancher Rat, der gehört wird, ist sogar verschlüsselt. Hier nenne ich einige typischen Möglichkeiten, wie Sie Hellhörigkeit erfahren können:

- **Ihr Name wird gerufen.** Wenn Sie am Morgen erwachen, hören Sie eine geisterhafte Stimme Ihren Namen sagen. Sie wundern sich, wer das ist und was dies zu bedeuten hat. (Gewöhnlich ist es ein Verwandter, der Ihnen »Guten Tag« sagen möchte. Er kann schneller zu Ihnen durchdringen, wenn Sie noch im Alpha-Zustand luzider Träume sind, kurz bevor Sie ganz erwachen.)

• **Geisterhafte Musik hören.** Eine Melodie himmlischer Musik wird für einen kurzen Moment von einem Ort außerhalb Ihres Kopfes, aber nicht von einer physischen Musikquelle zu Ihnen herübergetragen. Dies kommt oft von Ihrem höheren Bewusstsein, das eine Verbindung zur Astralebene während der Seelenreisen in Ihrem Schlaf herstellt. Sie hören »Sphärenmusik« oder Himmelsmusik. Leute, die Nahtoderfahrungen gehabt haben, erzählen, dass sie die überirdischste, schönste Musik aus dem Jenseits hören.

• **Klingeln im Ohr.** Aus heiterem Himmel hört man ein hohes Klingeln in einem Ohr (gewöhnlich im rechten). Die meisten Leute, die dieses Phänomen erleben, sind Lichtarbeiter. Dieser hohe Ton hat zwei Hauptziele: Er ist ein komprimiertes File von Informationen, die für Lichtarbeiter heruntergeladen wurden, um ihnen bei ihren Aufgaben zu helfen; er hat eine Frequenz, die das Bewusstsein und die Energieebene des Lichtarbeiters anhebt. Wenn das Klingeln im Ohr unangenehm laut ist, können Sie Ihre Engel bitten, die Lautstärke herunterzudrehen.

• **Sie hören ein Lied in Ihrem Kopf.** Was Ihre geliebten Verstorbenen anbetrifft, sie melden sich oft bei Ihnen, um hallo zu sagen, indem sie Ihnen ihr Lieblingslied senden. Sie können die Lieder, wenn sie sich ständig wiederholen, zum Stopp bringen, indem Sie Ihrem geliebten Verstorbenen Hallo sagen und ihn bitten, die Übersendung des Liedes zu stoppen.

• **Sie hören ein Lied wiederholt im Radio.** Wenn Sie ständig den Lieblingssong geliebter Personen (verstorbener oder lebender) im Radio hören, dann heißt dies wahrscheinlich, dass sie an Sie denken. Wenn Sie wiederholt einen Song hören, der keinen engen Bezug zu Ihnen hat, dann achten Sie auf seine Texte, denn es ist möglich, dass Ihre Engel den Song dazu benutzen, Ihnen eine Botschaft zukommen zu lassen. Als ich beabsichtigte, das Buch »*Constant Craving*« (Ständige Sehnsucht) zu schreiben, hörte ich plötzlich immer wieder den k. d.lang Song gleichen Titels, obwohl dieser Song kein aktueller Hit mehr war. Ich erzählte meiner Verlegerin, Jill Kramer, davon, und wir beide kamen zu dem Schluss, dass es ein Zeichen war, das Buch zu produzieren, was wir dann auch taten.

• **Zufällig ein Gespräch mit anhören.** Sie versuchen, eine wichtige Entscheidung zu treffen, und Sie beten um Hilfe. Eine Stunde später hören Sie zufällig einen Teil einer Unterhaltung mit, der für Ihre Situation von Belang ist. Haben Sie diese Botschaft »zufällig« gehört, oder haben Ihre Engel dafür gesorgt, dass Sie sie gehört haben? Ich glaube Letzteres.

• **Eine Botschaft aus dem Fernsehen oder Radio.** Mein Freund Jonathan Robinson (Autor des Buches »The Experience of God«, Hay House, 1994) fühlte den Drang, nach Indien zu fahren, um den Avatar Sai Baba zu treffen. Doch er war sich nicht sicher, ob es der richtige Zeitpunkt war, dorthin zu reisen. Es ist immerhin doch eine sehr lange, teure und zeitaufwendige Reise. Er betete um Rat und Hilfe, und als er nach Hause kam, veranlasste ihn irgendetwas, sein Fernsehgerät einzuschalten. Genau in dem Moment schaute ein Fernsehprediger auf seine Gemeinde und sagte: »Sie müssen nach Indien gehen!« Das war für Jonathan ein ausreichendes Zeichen. Er hatte schließlich ein Treffen mit Sai Baba, das sein Leben veränderte.

Ein anderes Beispiel ist eine Frau aus Phoenix, die ihr Radio andrehte, als sie zu ihrem Arzt in die Praxis fuhr, um eine Biopsie einer Geschwulst in ihrer Brust vornehmen zu lassen. Sie hörte ein Interview mit mir über Engel in der »Beth and Bill Show«. Ich sagte gerade den Satz: »Wir müssen unsere Engel um Hilfe bitten, ehe es ihnen erlaubt ist zu intervenieren.

»Aber ja!«, sagte die Frau zu sich selbst. *»Ich habe ganz vergessen, meine Engel zu bitten, mir zu helfen.«* Während ihrer weiteren Fahrt wendete sie sich an ihre Engel und bat um Heilung und Hilfe. Bei ihrem Termin konnte der Arzt keine Geschwulst mehr finden. Sie war sehr froh, dass sie ihrer inneren Stimme folgte und an diesem Morgen das Radio einschaltete.

- **Eine innere Stimme hören.** Eine sanfte innere Stimme gibt Ihnen Rat und Hilfe oder eine liebevolle Warnung. Sie wissen, dass es echte Führung der Engel ist, wenn jemand anderes liebevoll und ermutigend zu Ihnen spricht. Es kann auch wie Ihre eigene Stimme klingen. Authentische Führung bedeutet aber auch, dass es möglich ist, dass Sie die gleiche Stimme oder den gleichen Gedanken wiederholt hören, und zwar so lange, bis Sie den Rat beachten.

- **Eine Warnung hören.** Eine frische, klare, geisterhafte Stimme äußert in liebevoller Weise einen Befehl, etwas Bestimmtes zu tun. Sie fühlen sich wie hypnotisiert und gehorchen, als hätten Engel Sie narkotisiert. Später realisieren Sie, dass die Stimme Sie vor Verletzung, Tod oder anderer Art von Verlust bewahrt hat.

• **Die tröstliche Botschaft eines mysteriösen Fremden.** Sie machen sich über etwas Sorgen und beten um Hilfe Ihrer Engel. Später am Tag kommt ein völlig Fremder auf Sie zu und sagt Ihnen unaufgefordert tröstliche Worte. Sie fühlen sich danach viel besser und wundern sich, wer diese Person war und wie sie etwas von Ihrer Situation wissen konnte.

• **Die tröstliche Botschaft einer geliebten Person.** Ein Freund oder Familienmitglied sagt Ihnen genau die Sätze, die Sie hören wollten, ohne dass diese Person sich dessen bewusst ist. Diese Person ist ohne es zu wissen zum Kanal für Ihre Engel geworden. Das ist wie ein Telefonanruf von Gott.

• **Das Wispern oder die Stimme eines Engels oder geliebten Verstorbenen.** Wenn ich Engel Readings gebe, höre ich die Engel meiner Teilnehmer zu mir sprechen. Die Engel sagen mir, was ich über die jeweilige Person wissen muss. Zum Beispiel gab ich einmal einer Frau ein Engel-Reading und sprach mit ihrem verstorbenen Mann. Er sagte sehr laut zu ihr: »Du musst deine Reifen wechseln!« Als ich diese Botschaft der Frau ausrichtete, lachte sie. »Ich habe ihn das gestern zu mir sagen hören«, sagte sie und erklärte, dass ihr Auto eierig gefahren war. Ich riet ihr dringend, seinem Rat unverzüglich Folge zu leisten.

Die Ohrchakras reinigen.

Jeder unserer übersinnlichen Sinne hat ein korrespondierendes Energiezentrum – oder Chakra – das mit ihnen zusammenwirkt. So wie unsere Augen uns dabei helfen, die physische Welt zu sehen, so hilft uns unser Dritte-Auge-Chakra die spirituelle Welt zu sehen. In gleicher Weise helfen uns unsere Ohren irdische Klänge zu hören, und unser Ohr Chakra hilft uns, überirdische Klänge wahrzunehmen.

Das Ohr-Chakra liegt jeweils oberhalb unserer Augenbrauen. Wir haben ein linkes und ein rechtes Ohr-Chakra. Sie liegen schräg in einem nach oben liegendem Winkel zur Kopfmitte. Denken Sie an die Augenbrauen von Woody Allen, wenn Sie sich den Winkel vorstellen wollen. Diese Chakras drehen sich (das Wort *Chakra* bedeutet in der alten orientalischen Sprache, im Sanskrit, »Rad«) ziemlich schnell, so dass ihre Bewegung einen rötlich-violetten Energieschatten erzeugt.

Wir können viel leichter hellhörig sein, wenn unsere Ohr-Chakras gereinigt sind. Leider gerät immer wieder seelisch-geistiger Müll in unsere Ohr-Chakras und das blockiert sie etwa so, wie atmosphärische Störungen bei einer Telefonverbindung unsere Fähigkeit beeinträchtigen, den Anrufer zu hören.

Seelisch-geistiger Müll sammelt sich in den Ohr-Chakras aufgrund schmerzlicher Dinge, die wir hören. Wenn wir zum Beispiel beleidigende Worte hören (von jemand anderem oder selbst ausgesprochene) werden unsere Ohr-Chakras verletzt. Sie kollabieren buchstäblich unter dem Gewicht beleidigender, zorniger oder heftiger Worte, die sie hören müssen.

Eine sehr wirksame Methode, die Ohr-Chakras zu reinigen, ist, an einem sonnigen Tag nach draußen zu gehen und zu visualisieren, wie die Sonnenstrahlen den seelisch-geistigen Schmutz beseitigen. Wenn keine Sonne scheint, ist es auch sehr hilfreich, laut zu summen. Sprechen Sie laut einige »Aums« (den heiligen Ton der Schöpfung) und konzentrieren Sie sich darauf, die Schwingungsenergie zu ihren Ohr-Chakras zu senden. Oder schlagen Sie gegen ein Kristallgefäß oder gegen ein Glockenspiel aus Messing und halten Sie Ihre Ohr-Chakras nahe an den klingenden Ton.

Doch die wirksamste Methode, die Ohr-Chakras zu reinigen, ist vielleicht, sich von Giften gegenüber unverschämten Leuten zu befreien. Schreiben Sie einen Brief an diese Person (und auch einen an Sie selbst) und schildern Sie ihr darin all Ihre Gefühle, die im Zusammenhang mit den verbalen Verletzungen in Ihnen hochgekommen sind. Wenn Sie wütend sind, traurig oder voller Ängste und Sie dies in Verbindung damit bringen, dass Sie beleidigt oder gedemütigt wurden, schreiben Sie dies im Brief. Sagen Sie der Person dann, dass Sie damit fertig sind, ein Opfer zu sein. Sie akzeptieren von nun an niemandes Ansichten von der Wirklichkeit mehr außer Ihrer eigenen. Sie wissen, dass Sie eine gute Person sind! Sie wissen, dass Sie nach Gottes Ebenbild geschaffen wurden und dass Gott Schönheit nur innen und außen kreiert.

Bitten Sie Ihre Engel, Ihnen zu helfen, Sie von den Giften der Wut zu befreien, die in Ihrem Herzen, in Ihrem Geist und in ihren Ohr-Chakras verblieben sind. Nehmen Sie dann den Brief, und befreien Sie sich von ihm, indem Sie ihn verbrennen, ihn ins Wasser werfen oder einfrieren. Schicken Sie ihn nicht an die Person. Dies ist eine ganz persönliche Methode, die nur Ihnen und Ihren Engeln gilt.

Geräuschempfindlichkeit

Es ist eine gute Idee, Ihre Ohr-Chakras ein oder zweimal im Monat, immer wenn Ihr spirituelles Hörvermögen blockiert zu sein scheint, zu reinigen. Wenn Ihre Ohr-Chakras gereinigt sind, sind Sie Geräuschen gegenüber wahrscheinlich empfindlicher. Normale Geräusche können Sie vielleicht mehr als vorher stören, und Sie ertappen sich vielleicht dabei, wie Sie sich Ihre Ohren bei Lärmbelästigung zuhalten. Sie sehnen sich vielleicht nach Momenten der Stille (und können die hoffentlich auch herstellen!). Das könnte bedeuten, dass Sie sich an einen entfernten Ort in der Natur zurückziehen, in ein offizielles Retreat der Stille gehen oder einfach ein Schaumbad nehmen mit einem Schild »Bitte nicht stören« an der Tür.

Bevor Sie jedoch beschließen, dass es mit zu viel Mühe verbunden ist, sich mit den Ohr-Chakras zu beschäftigen, diese erhöhte Sensitivität hat definitiv Vorteile. Sie sind viel eher in der Lage, das Wispern Ihrer Engel zu hören und genauso auch die süße, sanfte Stimme der Inneren Präsenz. Sie haben auch einen leichteren Zugang zu Rat und Hilfe und zu Antworten auf jede Ihrer Fragen. Und Sie sind sensibler dafür, zu verstehen, dass Sie nicht allein sind.

Die Engel sind immer bei uns. Und mit Hilfe gereinigter Ohr-Chakras sind Sie in der Lage, ihre Botschaften klar zu hören. Vielleicht möchten Sie ihre Gegenwart auch *fühlen*, ein Thema, mit dem wir uns im nächsten Kapitel beschäftigen.

18. KAPITEL

Fühlen als Schlüssel zur Hellfühligkeit

Eine der verbreitetsten Möglichkeiten, durch die wir von Engeln kontaktiert werden und mit Engeln in Kontakt kommen, ist durch unser Fühlen. Dieser Prozess wird »Hellfühligkeit« oder »klares Fühlen« genannt. Die meisten Leute haben das »Gefühl im Bauch« oder intuitives Fühlen schon erlebt. Dies sind Beispiele kinästhetischer Wege, durch die der Himmel mit uns kommuniziert.

Fühlen und Gefühle leugnen

Die meisten meiner Teilnehmer im Workshop zur Entwicklung übersinnlicher Fähigkeiten sind sich ihrer Hellfühligkeit bewusst. Das Problem ist nicht so sehr das Öffnen dieses übersinnlichen Kanals. Vielmehr haben die meisten Leute bei allem Respekt vor Hellfühligkeit ein Problem damit, diesem Fühlen zu *trauen*. Achtzig Prozent meiner Readings beinhalten auch, dass ich meinen Teilnehmern bestätige, was sie bereits empfinden: »Ja, Ihre Mutter wacht über Sie wie ein Engel.« »Die Entscheidung für Ihren Beruf ist noch nicht reif genug. Sie brauchen weitere Informationen.« »Ja, es sieht tatsächlich so aus, als würde sich daraus eine lange Liebesbeziehung entwickeln und zu einer Heirat führen.«

»Das ist es, was ich gefühlt habe!«, ruft der Teilnehmer erfreut aus. Ich freue mich, dem, was meine Teilnehmer fühlen, eine zweite Meinung hinzuzufügen, wünsche aber gleichzeitig, dass mehr Leute zuallererst einmal ihrem eigenen Fühlen oder ihrem Gefühl trauen würden. Wir alle tendieren dazu, unsere Gefühle herunterzuspielen oder unberücksichtigt zu lassen. »Es ist bloß ein Gefühl«, ist ein typisches Beispiel dafür, wie wir unsere Gefühle negieren.

Es mag ein Gefühl sein, doch das macht es nicht weniger wert, als wenn Gott und die Engel durch eine Stimme oder eine Vision sprachen. Zum Beispiel war eine Frau namens Jennifer Lulay Christianson sehr froh, dass sie an einem verhängnisvollen Tag vor einigen Jahren auf ihre Gefühle hörte.

Jennifer arbeitet bei einem Fernsehsender in Portland, Oregon. In den letzten Jahren war es ihre Gewohnheit, jeden Nachmittag durch die Hintertür des Studios hinauszugehen, in ihr Auto zu steigen und nach Hause zu ihrem Mann und zu ihrer kleinen Tochter zu fahren. Doch an diesem besonderen Tag hatte Jennifer das starke Gefühl, *nicht* durch diese Tür hinauszugehen. Sie fühlte den Drang, das Studio stattdessen durch die vordere Tür zu verlassen. Außerdem drängte sie auch etwas ganz stark, nach dem nächsten männlichen Mitarbeiter zu suchen und ihn zu bitten, sie zur Tür hinauszubegleiten. Was hätten *Sie* getan? Hätten Sie diesem Gefühl gehorcht oder hätten Sie es ignoriert?

Nun, Jennifer hörte auf ihr Gefühl. Obwohl es viel weiter zur vorderen Tür war, sie machte diesen Umweg. Dann bat sie den ersten Mann, den sie sah, ob er sie zu ihrem Auto begleiten könnte. Sobald sie zur Tür hinauskamen, hörten sie ein donnerndes Geräusch um sie herum. Jennifer wusste nicht, was das für ein Geräusch war. Doch der Mann, der ein Veteran des Vietnamkrieges war, wusste, dass das Geräusch von einer Schießerei herrührte. Er zog Jennifer nach unten und rief: »Legen Sie sich auf den Boden!«

Sie krochen auf ihrem Bauch zurück ins Studio. Der Pförtner begegnete ihnen und sagte: »Oh, Mann! Da ist ein Scharfschütze mit einer automatischen Waffe, der in die hinteren Parkplätze schießt.« Jennifer atmete schwer. Ihr war klar, dass sie, wenn sie auf ihr Gefühl nicht gehört hätte, zur hinteren Tür auf den Parkplatz gegangen wäre und direkt in die Schusslinie hineingelaufen wäre.

Jennifer erzählte mir ihre Geschichte für dieses Buch und sagte, wir sollten immer daran denken, was ihr passiert wäre, wenn wir versucht sind, unsere Gefühle zu ignorieren.

Überwältigende Gefühle

Für andere Leute liegt das Problem jedoch nicht darin, ihre Gefühle zu negieren. Sie haben Gefühle, die sie überwältigen. »Ich kann nicht in Menschenmengen sein!«, sagte Susan, eine Teilnehmerin in meinem Workshop zur Entwicklung übersinnlicher Fähigkeiten. »Ich kann jede Emotion anderer Leute fühlen, und das macht mich verrückt.« Leute wie Susan, die übersensibel sind, fühlen sich von den Empfindungen und Gefühlen anderer Leute bombardiert.

Professionelle Helfer – besonders die, die zum Erwerb ihres Lebensunterhalts andere Leute anfassen (Massagetherapeuten, Kosmetiker, Energiearbeiter usw.), nehmen oft die toxische Energie ihrer Klienten auf. Berater, Krankenschwestern, Lehrer und solche, die den ganzen Tag den Problemen anderer Menschen zuhören, sind manchmal wie seelische Schwämme. die die Negativität der anderen in sich aufsaugen. Die Folge davon? Reizbarkeit, Lethargie und der Hang zu Suchtverhalten.

Wenn Sie eine ultrasensitive Person sind, dann sind Sie vielleicht gehänselt worden damit, »zu sensibel« zu sein. Doch verschließen Sie sich bitte deshalb nicht Ihrer Sensibilität! Diese Sensitivität ist ein Geschenk. Sie müssen jedoch vielleicht Schritte unternehmen, sich selbst geistig-seelisch zu reinigen, abzuschirmen und zu schützen.

Geistig-seelische Reinigung, Abschirmung und Schutz

Die Engel sagen, dass sensitive Leute täglich Zeit in der Natur verbringen müssen. Pflanzen verwandeln nicht nur Kohlenmonoxyde in Sauerstoff, sie reinigen uns auch von geistig-seelischem Schmutz. Es ist sehr wichtig, dass ultra-sensitive Leute bestimmter Berufsgruppen und ultrasensitive Leute im Allgemeinen viele Pflanzen zu Hause und an ihrem Arbeitsplatz haben. Sorgen Sie dafür, dass eine oder mehrere dieser Pflanzen neben ihrem Bett stehen. Während der Nacht beseitigen Pflanzen neben Ihrem Bett jeden geistig-seelischen Schmutz, den Sie von Klienten oder negativen Menschen (einschließlich Ihrer eigenen Negativität!) in sich aufgenommen haben.

Der Erzengel Michael kann toxische Energie aus Ihrem Geist, Körper und Herzen beseitigen. Schließen Sie einfach Ihre Augen und sagen Sie:

»Erzengel Michael, ich rufe jetzt nach dir. Bitte schneide die Bande ab, die mir die Energie und Vitalität abziehen. Danke.«

Atmen Sie mehrmals tief durch und bleiben Sie still, während Michael und die anderen reinigenden Engel ihre Arbeit vollbringen. Wenn sich ihr Körper wieder gut anfühlt, sagen Sie:

»Erzengel Michael, bitte beseitige alle negative Energie, die ich möglicherweise aus meinen eigenen Gedanken oder von anderen in mich aufgenommen habe.«

Bleiben Sie wie vorher still und atmen Sie tief, während Ihre Engelshelfer schwitzen. Es ist eine gute Idee, wenn Sie dies jeden Abend machen oder jedes Mal dann, wenn Sie sich übermäßig müde oder depressiv fühlen.

Wenn Sie sich selbst davor schützen wollen, zusätzlichen geistig-seelischen Schmutz in sich aufzunehmen, so nenne ich Ihnen hier eine wirksame Methode, die mir kürzlich von meinen Engeln vermittelt wurde:

Visualisieren Sie eine große Röhre aus rosa Licht, das Sie umgibt. Dieses rosa Licht ist ein lebendes, atmendes und sehr mächtiges Wesen. Es sendet liebende Energie nach innen zu Ihnen und sendet auch Liebe nach außen zu anderen. Sie sind also geschützt vor anderen, aber nicht von Ihnen isoliert. Ihr Schutz schickt ihnen genau wie Sie selbst nährende Energie. Als Folge davon empfinden Sie keine Schuldgefühle, die normalerweise damit verbunden sind, wenn Sie sich selbst hinter den Schutz des weißen Lichtes zurückziehen. Der rosa Schutz erlaubt Ihnen voller

Wärme und Mitgefühl für andere und gleichzeitig vor ihrem negativen Denken geschützt zu sein. Wenn Ihr Liebster oder Ihre Liebste oder Ihr Ehegatte in einer negativen Stimmung ist, umgeben Sie sich mit diesem rosa Licht, bevor Sie beide einschlafen.

Ultrasensitive Leute fühlen sich besser, wenn sie Menschenmassen meiden. Planen Sie deshalb Ihre Einkaufsfahrten, Ihre Autofahrten und Filmbesuche so, dass Sie nicht in große Menschenmengen geraten. Wenn Sie sich unter vielen Menschen befinden, setzen Sie den rosa Schutz wie oben beschrieben ein.

Sich erden

Manchmal fühlen sich hellfühlige Menschen von ihren Körpern abgetrennt, so, als lebten sie in einem surrealen Traum und schwebten losgelöst von ihrem physischen Selbst. In solchen Fällen ist es wichtig, dass Sie sich erden, bevor Sie ein Auto fahren oder andere Arten von schweren Maschinen bedienen! Sich erden hilft uns auch, jeden Augenblick mit unseren Freunden, mit unserer Familie, in der Natur oder andere irdische Vergnügungen zu schätzen.

Einige Leute benutzen Visualisierungstechniken, um sich zu erden, indem sie sich zum Beispiel eine Baumwurzel vorstellen, die von ihren Fußsohlen bis tief in die Erde reicht. Stellen Sie sich vor, Sie trinken weiße Lichtenergie von unten durch Ihre Wurzeln nach oben in Ihren Körper. Stellen Sie sich gleichzeitig vor, wie Sie jede negative Energie durch Ihre Wurzeln hindurch nach unten hinauswerfen, so dass Mutter Erde die Energie heilen und umwandeln kann.

Ich bevorzige es, mich dadurch zu erden, dass ich

mich buchstäblich in die Erde verwurzele. Ich ziehe meine Schuhe aus und bewege mich mit meinen Zehen und meinen Fußsohlen auf Erde, Gras, Sand oder im Wasser. Ich konzentriere mich auf die Empfindungen in meinen Füßen und Zehen. Mich mit der Natur über meine nackten Füße zu verbinden macht Spass, ist gesund und bringt mich schnell in ein klareres Bewusstsein von meiner Umgebung.

Die Engel lehrten mich auch Wurzelgemüse zu essen – Kartoffeln, Süßkartoffeln oder Möhren – als Erdungsmethode. Eine rohe, biodynamische Möhre zu essen ist wahrscheinlich eine der besten Methoden, sich zu erden, die ich je ausprobiert habe. Eine Teilnehmerin meines Angel-Therapy-Practitioner-Certification-Kurses namens Theresa kam eines Tages im Anschluss an einen Kursus zu mir. Sie und die Teilnehmer hatten acht Stunden damit verbracht, Engel-Readings zu geben und zu empfangen, und es war für sie normal, dass sie sich danach ein wenig müde und spacey fühlten.

»Ich fühle mich, als wäre ich außerhalb meines Körpers«, sagte Theresa zu mir. Da unser Kursus in einem Hotel am Meer abgehalten wurde, bat ich sie, nach draußen zu gehen und einen Spaziergang den Strand entlang zu machen.

»Sorge auch dafür, dass du ein paar rohe Möhren isst,« fügte ich hinzu.

Michael, ein anderer Teilnehmer atmete schwer, als er mit anhörte, was ich sagte. Er zog einen Plastikbeutel mit geschnittenen Möhren hervor. »Ich erhielt die Eingebung, dies heute mit in den Kusrsus zu bringen!«, rief er aus. »Ich hatte keinerlei Idee, warum, weil ich normalerweise keine rohen Möhren esse. Ich bin der Eingebung bloß gefolgt. Jetzt weiß ich, dass ich sie für dich, Theresa, mitgebracht habe. Bitte schön. Es sind sogar biodynamische Möhren!«

Theresa erzählte uns am nächsten Morgen, dass die Kombination von den Möhren und dem Spaziergang in der Natur ihr sofort das Bewusstsein, wieder in ihrem Körper zu sein, zurückgebracht hätte.

Typische hellfühlige Begebenheiten

Die meisten Leute haben schon eine hellfühlige Erfahrung gemacht. Die typischsten Beispiele sind, ein Gefühl im Bauch oder intuitive Gefühle zu haben. Oft ist dies ein Weg, wie Gott und die Engel zu uns sprechen. Zum Beispiel kann es sein, dass ein geliebter Verstorbener von Ihnen Sie warnen möchte, die Spur zu wechseln, während Sie Auto fahren, und Sie erhalten diese Botschaft durch ein ziehendes Gefühl im Bauch.

Doch es kann auch viel tiefgehendere Möglichkeiten geben, Hellfühligkeit zu erfahren, zu denen auch die folgenden Beispiele gehören:

- **Flügel berühren Sie.** Sie fühlen, wie jemand oder etwas Sie berührt oder über Ihre Haut oder Ihr Haar streicht. Es klingt vielleicht gruselig, ist es aber nicht. Fast jeder, den ich befragt habe, sagt, dass dies eine außerordentlich angenehme Erfahrung ist und dass er sich dadurch geliebt fühlt.

- **Sie fühlen jemanden, der sich an Ihr Bett setzt.** Sie fühlen, wie sich eine Person an Ihr Bett setzt, und Sie können schwören, dass Sie sogar die Dellen auf der

Bettdecke sehen. Oder Sie sitzen auf dem Sofa und fühlen, wie Ihr verstorbener Hund oder Ihre verstorbene Katze auf die Seite neben Ihnen springt.

• **Die Anwesenheit einer bestimmten Person spüren.** Wir sind alle ein Medium mit einem unterschiedlichen Grad an Sensitivität und unterschiedlichem Glauben in unsere Fähigkeiten. Wenn Sie spüren, dass ein bestimmter geliebter Verstorbener bei Ihnen ist, dann ist die Wahrscheinlichkeit groß, dass Sie Recht haben. Jeder Mensch verfügt über ein einmaliges Gespür und kann sagen, welcher unserer Lieben den Raum betreten hat und ob dies eine lebende oder verstorbene Person war.

• **Sie spüren, wie jemand Sie ins Ohr zwickt.** Sehr oft ziehen uns unsere geistigen Führer an unseren Ohrläppchen, um uns voranzutreiben. Sollte Ihnen dies jemals wehtun, dann bitten Sie Ihren geistigen Führer, eine sanftere Methode zu wählen, um Sie auf Ihrem Weg voranzubringen.

• **Jemand deckt Sie zu.** Sie haben Probleme zu schlafen, doch dann fühlen Sie die tröstliche Anwesenheit von jemandem neben Ihnen. Sie wissen, dass es Ihr Schutzengel oder ein geliebter Verstorbener ist. Das Nächste, was Sie wissen, ist, dass Decken über Sie gezogen werden und dass Sie jemand zudeckt. Sie fühlen sich wohl, aufgehoben und geliebt und sinken friedlich in den Schlaf.

• **Luftdruck und Temperaturwechsel.** Als wenn Sie einen Höhenunterschied erleben würden, wird die

Luft dicker oder dünner. Sie realisieren, dass diese Luftdruckveränderung von einem Wesen verursacht wird, das in Ihre Nähe kommt. Oder die Raumtemperatur fällt oder steigt plötzlich. Anders als in dem Film »The Sixth Sense«, in dem die zu eisigen Graden sinkende Raumtemperatur das Erscheinen verstorbener Personen ankündigt, kann das Ansteigen der Raumtemperatur auch bedeuten, dass ein geliebter Verstorbener oder weitere Engel den Raum betreten haben. Ich bitte die Teilnehmer an meinen Workshops zur Entwicklung übersinnlicher Fähigkeiten immer, sich mehrere Kleidungsstücke übereinander anzuziehen, weil die Raumtemperatur während des Tages immer wieder steigt und fällt, wenn wir Engel und geliebte Verstorbene herbeirufen.

• **Gefühle im Magen oder im Kiefer.** Sie betreten einen Raum voller Leute, und Ihr Magen schnürt sich zusammen. Wenn Sie an den neuen Job denken, der Ihnen gerade angeboten wurde, klemmt Ihr Kiefer. Zeichen von Spannungen? Sicherlich. Doch fragen Sie sich selbst: Warum habe ich Spannungen im Zusammenhang mit dieser Situation? Es kann sein, dass Ihre Engel versuchen, Sie zu warnen. Oftmals spürt unser Körper die Wahrheit schon, bevor wir sie uns bewusst eingestehen. Der Körper arbeitet wie ein Detektor, der herausspürt, ob eine Person oder eine Sache seriös ist.

• **Plötzlicher Schmerz oder plötzliche Krankheit.** Sie fühlen sich wohl, Ihre Gesundheit ist gut, und Sie sind sorgfältig mit Ihrem Körper umgegangen. Doch dann haben Sie aus heiterem Himmel eine Schmerzattacke oder werden krank. Es ist, als wären Sie aus dem Hinterhalt überfallen worden. Nun, die Möglichkeit besteht, dass Sie aus dem Hinterhalt überfallen wurden. Wenn eine andere Person wütend auf Sie ist, erhöhen sich Ihr Herzschlag und Ihr Blutdruck, wie Untersuchungen ergeben haben. Wenn der Ärger der Person auf Sie weiter besteht, kann es sein, dass Ihr Körper die geistig-seelische Attacke spürt und in einen scharfen Schmerz (wie ein Schwert, das Sie trifft) oder in eine Krankheit übersetzt. Sie können die geistig-seelischen Reinigungs- und Schutzmethoden, die am Anfang dieses Kapitel beschrieben wurden, anwenden, um sich vor geistig-seelischen Attacken zu schützen oder die Auswirkungen von bereits erfolgten Attacken zu heilen.

• **Sie spüren, dass etwas nicht stimmt oder nicht richtig ist.** Jemand macht Ihnen das Angebot, sich an einem Geschäft zu beteiligen. Es ist die Gelegenheit, auf die Sie schon lange gewartet haben, doch Sie haben das Gefühl, etwas stimmt nicht an der Sache. Sie entscheiden sich gegen eine Beteiligung, und ein Jahr später erfahren Sie, dass alle, die sich daran beteiligt haben, Klage auf Betrug erhoben haben. Ein anderes Beispiel: Plötzlich haben Sie ein unheimliches Gefühl, dass etwas Schlimmes mit Ihrem Kind passiert ist. Eine Stunde später erhalten Sie einen Anruf, dass Ihr Kind in einen Verkehrsunfall verwickelt war. Glücklicherweise wurde niemand, auch Ihr Kind nicht, verletzt.

• **Sie riechen Blumen, Parfum, Rauch oder andere Gerüche, die aus keiner physischen Quelle stammen.** Sie riechen das Eau de Cologne Ihrer verstorbenen Großmutter oder den Zigarrenrauch Ihres verstorbenen Vaters. Das sind Zeichen dafür, dass dieser besondere geliebte Verstorbene bei Ihnen ist. Oder Sie riechen Blumen aus dem Nichts heraus. Gewöhnlich sind Blumen ein Zeichen dafür, dass die geflügelten Engel Ihnen Ihre Nähe anzeigen wollen. Manchmal ist der Geruch nach Rosen ein Zeichen, dass Mutter Maria bei Ihnen ist. Sie ist eine liebevolle, nicht konfessionell gebundene Heilige, die zu jedem kommt, der sie ruft. Sie kommt auch zu all denen, die es sich zur Lebensaufgabe gemacht haben, Kindern zu helfen.

- **Übersinnliche körperliche Liebe.** Sie sind eine Frau und liegen im Bett und fühlen die Energie eines männlichen Geistes, der in Ihrer Nähe schwebt. Sie haben plötzlich romantische und leidenschaftliche Gefühle und realisieren, dass der männliche Geist Sie berührt und sexuell stimuliert. Sie lassen dies schließlich zu und erlauben ihm, mit Ihnen den Liebesakt zu vollziehen. In vieler Hinsicht sind die Gefühle dabei so angenehm (wenn nicht sogar noch angenehmer), als würden Sie sich mit einem physisch anwesenden Partner lieben. Wenn der Geist Ihr verstorbener Freund oder Ehemann ist, dann ist dieser Akt von hoher spiritueller Frequenz. Doch viele erdgebundene Geister (verstorbene Leute mit einem niedrigeren Ego-Bewusstsein) suchen nach breitwilligen lebenden Frauen, mit denen sie sich lieben können. Sie erzwingen den Akt niemals; Sie müssen schon einverstanden sein, sich mit ihm zu lieben.

Bitte seien Sie vorsichtig, wenn Sie sich mit einem Geist sexuell einlassen. Wenn Sie spüren, dass es ein verstorbener Geliebter ist, dann können Sie diesem

Gefühl vertrauen. Doch wenn Sie die Identität des männlichen Geistes nicht kennen, würde ich gewiss darauf bestehen, dass er sich entfernt. Ich würde nach dem Erzengel Michael rufen und ihn bitten, dass dieser »Kater« nicht wieder in Ihre Nähe kommt. Wenn Sie sich bereits mit einem solchen Geist in der Vergangenheit geliebt haben, dann kümmern Sie sich nicht mehr weiter darum. Schwören Sie sich aber, Ihren Körper von jetzt an nur noch mit Liebhabern von höchstem spirituellen Niveau zu teilen.

Ihre Hellfühligkeit erwecken

Haben Sie die vorherige Beschreibung gelesen, und haben Sie das Gefühl, dass Ihnen etwas fehlt? Dass Sie ein größeres Bewusstsein über Ihre Intuition haben oder Ihre Gefühle tiefer empfinden möchten? Sie *können* die Sensitivität Ihrer Hellfühligkeit steigern – mit etwas Übung.

Jede Form übersinnlicher Führung ist mit einem bestimmten Chakra verbunden, wie bereits gesagt wurde. Zum Beispiel:

Hellsichtigkeit (sehen) wird vom Dritte-Auge- oder Augenbrauen-Chakra reguliert. **Hellhörigkeit** (hören) steht im Zusammenhang mit den Ohr-Chakras. **Hellfühligkeit** (fühlen) kommt aus dem Herz-Chakra. Der Schlüssel, Ihre Hellfühligkeit zu steigern, liegt also darin, das Herz-Chakra zu öffnen. Sie können die übersinnliche Empfänglichkeit in all diesen Bereichen intensivieren, wenn Sie auf alle drei Chakras achten.

Um Ihr Herz-Chakra zu öffnen und damit Zugang zu Ihrer Hellfühligkeit zu erlangen, sollten Sie zulassen, tiefer zu empfinden. Das bringt natürlich das Risiko mit sich, dass Sie schmerzvolle Gefühle empfinden – nicht von unseren Engeln, sondern von unserem eigenen Ego. Wie Sie wissen, verschließen einige Leute ihr Herz und lassen nur noch schwache oder abgestumpfte Gefühle zu, nur um keine emotionalen Schmerzen zu haben. Jedoch versagen Sie sich durch Ihr Tun damit auch wundervolle Gefühle, wie tiefe Liebe, herzliche Freude und spirituelle Wonnen.

Wenn eine Person ein traumatisches Erlebnis gehabt hat – zum Beispiel wenn sie als Kind missbraucht wurde –, hat sie vielleicht schmerzbringende Muster in ihrem Leben entwickelt. Sie verliebt sich zum Beispiel immer wieder in Partner oder trifft auf »Freunde«, die sie missbrauchen.

Wenn wir uns von Verletzungen der Vergangenheit befreien und uns entscheiden, unser Herz-Chakra zu öffnen, können wir solche Muster durchbrechen. Die tragische Ironie ist, dass wir unbewusst emotionale Traumata wiederholen – indem wir normalerweise Situationen oder Menschen aussuchen, die die ursprünglichen unangenehmen Umstände widerspiegeln.

Der weitere Vorteil ist, Ihr offenes Herz handelt wie ein Bildschirm, der Ihnen sagt, ob Ihr potentieller neuer Liebhaber, Freund oder Geschäftspartner integer ist oder nicht. Wenn Sie also Ihr Herz öffnen, führen Sie damit emotionale Sicherheit in Beziehungen für Sie herbei. Das ist deshalb so, weil Sie das Feedback von Ihrem Herzen leichter »hören«, wenn es offen ist.

Manchmal ist es angebracht, sich einer intensiven Therapie durch einen verständnisvollen Therapeuten zu unterziehen, wenn man als Kind missbraucht wurde. Wenn Sie sich entschließen, Rat und Hilfe zu holen, achten Sie darauf, dass Sie sich an einen Therapeuten (oder beser noch an einen Spezialisten) wenden, der Erfahrung damit hat, Probleme, die aus aus dem Missbrauch in der Kindheit entstanden sind, zu behandeln.

Ich finde auch die neuen körperorientierten Behandlungsmethoden für Traumapatienten sehr gut. Viele gut dokumentierte Untersuchungen zeigen, dass Eye Movement Desensitization and Reprocessing (EMDR) und Somatic Experiencing (S.E:) Trauma-geschädigten Menschen helfen, posttraumatische Stressprobleme zu heilen. Beide Behandlungsmethoden werden von ausgebildeten Therapeuten ausgeführt. Sie finden mehr Informationen sowie Adressen von Therapeuten für EMDR auf der Website **www.emdria.com** und für S. E. auf der Website **www.fhe.com**.

Was für den einen traumatisch ist, ist für den anderen weniger schmerzvoll. Jeder hat in seinem Leben Enttäuschungen und Verletzungen erlebt. Einige Leute sind in der Lage, emotionale Verletzungen zu heilen, indem sie spirituelle Methoden einsetzen, ohne professionelle Hilfe zu brauchen. Doch professionelle Hilfe zu bekommen ist kein Zeichen von Schwäche oder weniger wert zu sein als andere. Es kann sogar ein Zeichen von Stärke sein, wenn man um Hilfe bittet.

In meinem Buch *Die Heilkraft der Feen* schrieb ich,

wie wichtig es ist, uns von den Verletzungen aus unserer Vergangenheit zu lösen, damit wir klarer unsere Zukunft gestalten können. Immer wenn wir eine Absicht äußern oder visualisieren, malen wir in unserem Herzen ein Bild von dem, was wir uns wünschen. Wenn unser Herz schwer von ungeheilten emotionalen Verletzungen ist, dann ist es, als würden wir dieses neue Bild auf eine schmutzige Leinwand malen. Das alte Bild (von vergangenen Verletzungen) schlägt auf das neue Bild durch und entstellt es, wenn wir es manifestieren.

Das ist ein anderer Grund, weshalb es so wichtig ist, das Herz zu reinigen und zu öffnen. In *Die Heilkraft der Feen* erörterte ich, wie es uns helfen kann, unser Herz zu heilen und zu öffnen, wenn wir draußen in der Natur sind. Ganz besonders hilfreich ist es, wenn Sie sich allein unter einen Baum setzen. »Erzählen« Sie geistig Ihrem Baum von Ihren früheren emotionalen Verletzungen, und stellen Sie sich vor, Sie »übergeben« diese Situationen und die damit verbundenen Schmerzen an den Baumgeist. Das mag sich nach einer etwas hergeholten Methode anhören, es ist aber eine sehr alte, mächtige und wirksame Methode. Die Bäume haben eine freundliche, stabile Energie, die uns hilft, uns aufgehoben und wohl zu fühlen.

Die alten Weisheiten sagen uns außerdem, dass das Aroma und die Essenz in Form von Öl von pinkfarbenen Rosen uns helfen, unser Herz-Chakra zu öffnen. Kaufen Sie sich selbst ein Geschenk von mindestens einer pinkfarbenen Rose, oder pflanzen Sie einen pinkfarbenen Rosenbusch in Ihren Garten und atmen Sie so oft es geht den Duft ein. Ich liebe auch die Essenz von Rosenöl, besonders die von der Firma Young Living Essential Oils. Sie brauchen nur dieses Aroma einatmen, und Sie können fühlen, wie sich Ihr Herz-Chakra öffnet und erwärmt. Mehr Informationen über diese Öle erhalten Sie auf der Website dieser Firma: **www.youngliving.com**.

Eine weitere Methode, das Herz zu öffnen, ist durch Yoga. Viele der Yoga-Positionen, oder Asanas, dehnen den Brust- und Rippenbereich. Die Bewegungen und die innere Konzentration haben eine tiefe, Chakras öffnende Wirkung, besonders auf das Herz-Chakra. Ich finde, Yoga ist auch ein wunderbares Mittel für viel beschäftigte oder gestresste Leute, zu meditieren. Wenn Sie das Gefühl haben, Sie sollten an Yoga-Kursen teilnehmen, kann ich Ihnen nur wärmstens empfehlen, das einmal zu versuchen. Es ist normal, dass Sie am Anfang etwas schüchtern sind oder denken, Sie sind viel zu beschäftigt, einen Kurs zu besuchen. Doch fangen Sie einfach mit einem netten Kurs in einem Studio in Ihrer Nähe an, oder machen Sie Yoga nach einer Videokassette. Ich denke, Sie sind nachher froh, dass Sie das getan haben!

Hier ist noch eine wunderbare Methode, das Herz-Chakra zu reinigen und zu öffnen: Stellen Sie sich vor, dass ein Prophet oder ein Heiliger (so wie Jesus, ein bestimmter Heiliger oder Quan Yin usw.) oder ein Schutzengel vor Ihnen steht. Sehen Sie oder fühlen Sie nun, wie Sie einen Strom liebender Energie von Ihrem Herzen zu dessen Herzen senden. Beobachten Sie, was als Nächstes passiert. Beinahe sofort schickt dieses große, himmlische Wesen die Liebe um 100 Prozent verstärkt zurück in Ihr Herz. Als wenn das Licht, das Sie gesandt haben, von einem Spiegel zurückgeworfen wird, fühlen Sie Ihr Herz in göttlicher Liebe gebadet.

Meine »*Chakra Clearing*«-Hörkassette (Hay House, 1997) eignet sich auch sehr gut zur Öffnung des Herzens und anderer Chakras. Während des Teils auf dem Band, der der Öffnung des Herz-Chakras gewidmet ist, hilft der Erzengel Michael Ihnen, die Angst zu verlieren, geliebt zu werden und zu lieben. Die Engel sagen, dass diese Angst vor Liebe uns daran hindert, die Freude und die Stärke unserer spirituellen Gaben voll und ganz zu erleben.

Sich einlassen und vertrauen

Wir können unser Bewusstsein, hellfühlige Botschaften wahrzunehmen, auch erhöhen, wenn wir »Körperbewusstsein« praktizieren. Manchmal distanzieren sich Lichtarbeiter von ihrem eigenen Körper und sind sich ihres physischen Selbst nicht bewusst. Um ein Gleichgewicht zu erlangen, sich der geistigen Welt bewusst zu sein, während wir in unserem Körper sind, können wir uns darin üben, uns auf unsere physischen Empfindungen einzulassen.

Zum Beispiel, wie wohl fühlen Sie sich im Augenblick? Nehmen Sie sich einen Moment Zeit, und konzentrieren Sie Ihr Bewusstsein auf Ihr Gesäß, Ihren Rücken, Ihre Beine. Sind sie entspannt? Was ist mit Ihren Schuhen, Ihrer Kleidung? Wie fühlen sie sich an? Ist der Raum stickig, heiß oder kalt? Wenn sich irgendetwas unangenehm anfühlt, nehmen Sie sich ein wenig Zeit und korrigieren Sie Ihre Körperhaltung, ändern Sie die Raumtemperatur, öffnen Sie das Fenster oder wechseln Sie beengende Kleidung.

Der wichtigste Teil, Hellfühligkeit zu entwickeln, ist jedoch zu lernen, *Ihren Gefühlen zu vertrauen*. Jedes Mal, wenn wir unsere Gefühle ignorieren, lernen wir ihnen mehr zu vertrauen. Zum Beispiel, haben Sie sich jemals auf eine Person eingelassen, bei der Sie von vorneherein das Gefühl hatten, Sie sollten das lieber nicht tun? Solche Situationen lehren uns, das nächste Mal auf unsere Gefühle zu hören. Ist es nicht so?

Eine Methode, mehr Selbstvertrauen zu entwickeln, ist, wenn wir ein »Übersinnliches Tagebuch« führen. Am besten nimmt man ein Notizbuch im Taschen- oder Kleinformat, so dass es leicht zu handhaben ist, wenn wir schnell etwas notieren wollen. Machen Sie immer, wenn Sie ein starkes oder ungewöhnliches Gefühl haben, einen Eintrag, zum Beispiel über Ihren Eindruck über einen Mitarbeiter, über eine Intuition, die Ihnen sagt, welche Strecke Sie nehmen sollen, um zur Arbeit zu fahren, oder über ein Gefühl im Bauch, das Sie bei einer neuen Bekanntschaft haben. Schreiben Sie neben jeden Eintrag das Datum. Lesen Sie dann regelmäßig Ihre Eintragungen nach. Sie werden feststellen, dass sich viele Ihrer Gefühle durch später stattfindende Ereignisse bestätigen. Das hilft Ihnen dabei, Ihren Gefühlen mehr zu trauen, so dass Sie eine größere Bereitschaft haben, sich auf sie zu verlassen und auf sie zu hören.

Sie sind bereits auf vielfältige Weise mit Ihren Engeln verbunden, Träume, Gefühle und Zeichen, die Sie erhalten, eingeschlossen. Geschichten über Engel zu lesen hilft auch, Ihr Bewusstsein für die Anwesenheit von Engeln in Ihrem Leben zu erhöhen. Allein dieses Buch durchzulesen wird wahrscheinlich dazu beitragen, dass Sie eine Engelerfahrung machen, die Sie bewusst wahrnehmen werden.

Ich bin der Meinung, dass unsere emotionale Befindlichkeit Verbindungen zu Engeln herbeiführen oder blockieren kann. Wenn wir ein außergewöhnlich starkes Gefühl – etwa Angst, Wut oder Kummer – haben und wir dabei gleichzeitig den Himmel um Hilfe anrufen, dann löst dies oft eine Engelerfahrung aus. Doch wenn wir diese starken Gefühle haben und *nicht* um Hilfe bitten, dann können wir uns tatsächlich blockieren, eine himmlische Führung wahrzunehmen. Deshalb ist das Bitten der Schlüssel.

Sie können die Hilfe Gottes, des Heiligen Geistes, Jesu (oder eines anderen Propheten oder Heiligen), der Erzengel, Ihres Schutzengels oder eines geliebten Verstorbenen auf viele verschiedene Weise erbitten:

- **Denken Sie den Gedanken »Hilf mir!«** Der Himmel hört unsere Gedanken und antwortet mit seiner Hilfe.
- **Sprechen Sie Ihre Bitte laut aus.** Die Worte, die Sie wählen, und die Art und Weise, wie Sie sie sagen, sind unwichtig. Was zählt, ist Aufrichtigkeit.

• **Schreiben Sie einen Brief an den Himmel.** Schütten Sie Ihr Herz aus mit all Ihren Ängsten, Sorgen und Hoffnungen. Auch hierbei gilt, kümmern Sie sich nicht darum, es in der »richtigen« Art und Weise zu machen. Sie schreiben an die Engel, nicht an einen Deutschlehrer.

• **Laden Sie sie in Ihre Träume ein.** Bevor Sie einschlafen, bitten Sie darum, in Verbindung mit Ihren Engeln zu kommen. Laden Sie sie (oder ein bestimmtes Wesen im Himmel) ein, in Ihre Träume zu kommen. Es ist auch hilfreich, Ihr Gebet aufzuschreiben und das Blatt Papier unter Ihr Kopfkissen zu legen.

• **Bitten Sie um ein Zeichen.** Bitten Sie Ihre Engel, dass sie Sie durch eine der Möglichkeiten, die in den Engelgeschichten und in den Kapiteln über Hellsichtigkeit, Hellhörigkeit und Hellfühligkeit aufgezeigt wurden, auf ihre Anwesenheit aufmerksam machen. Spezifizieren Sie nicht, wie Sie ihre Zeichen haben möchten – lassen Sie sich von der Methode der Engel überraschen. Bitten Sie die Engel aber, Ihnen ein klares Zeichen zu geben, das Sie nicht übersehen können.

• **Bitten Sie um Glauben.** Wenn Sie feststellen, dass Sie voller Selbstzweifel stecken, bitten Sie Ihre Engel, Ihr spirituelles Vertrauen zu stärken. Auch wenn Sie unsicher sind, ob Sie Engel haben oder ob sie wirklich existieren, bitten Sie darum. Der einfachste Weg ist, geistig mit Ihren Engeln zu sprechen, bevor Sie einschlafen. Sprechen Sie sie an, Ihrem Glauben Auftrieb zu geben und sich mit Ihnen in Verbindung zu setzen, so dass Sie sicher sein können, dass sie in Ihrer Nähe sind.

• Sie s i n d von Engeln umgeben, auch in diesem Augenblick. Selbst wenn Sie ein Ungläubiger sind, haben Sie Schutzengel, die Sie lieben und die genau in diesem Moment mit Ihnen sind. Schließen Sie eine Weile Ihre Augen, atmen Sie tief ein und aus, und spüren Sie ihre Nähe. Wenn Sie die Engel noch nicht fühlen können, machen Sie einfach weiter. Die Engel sind sogar stärker als Sie motiviert, ihre Nähe für Sie spürbar zu machen. Sie lieben Sie so sehr und möchten in Ihrem Leben einen größeren Platz einnehmen.

Stellen Sie sich einen Augenblick vor, wie es sein muss, Ihr Schutzengel zu sein. Denken Sie, dass das ein stressiger oder frustrierender Job ist? Das Ziel unserer Engel ist, dazu beizutragen, Frieden auf die Erde zu bringen, für jeden von uns. Wenn wir unsere Engel um Hilfe bitten und zulassen, dass sie uns helfen, helfen wir den Engeln damit auch, ihre Mission zu erfüllen.

Als mein Schutzengel mir bei einem bewaffneten Autoüberfall im Juli 1995 mein Leben rettete, lernte ich eine sehr wichtige Lektion: Gott konnte Engel schicken, um zu helfen, mein Leben zu retten, aber es war an *mir*, diese Hilfe zu akzeptieren. Die Engel hatten mich gewarnt, dass mein Wagen an diesem Tag gestohlen würde, wenn ich nicht das Verdeck meines Kabrioletts schließen würde. Ich ignorierte diese Warnung, und es kostete mich beinahe mein Leben. Glücklicherweise gaben mir die Engel während des Überfalls eine zweite Chance. Sie sagten mir, ich sollte aus Leibeskräften schreien! Dieses Mal hörte ich auf sie!

Mein Leben wurde gerettet, weil ich Gott und den Engeln *erlaubte*, mir zu helfen. Dieser Augenblick veränderte mein Leben für immer. Heute weiß ich, wie wichtig es ist, die Engel um Hilfe zu bitten und ihnen zu folgen, wenn sie ihre Führung anbieten. Das ist vielleicht eine der positivsten Gewohnheiten, die wir entwickeln können.

In Verbindung mit Ihren Engeln zu kommen ist damit viel mehr als ein persönliches Wachstumsunternehmen. Es ist eine Beziehung, die uns hilft, uns an unser göttliches Lebensziel zu erinnern und daran zu arbeiten und an Gottes Friedensplan mitzuwirken. Es ist eine Beziehung, die einen Unterschied für uns und unsere Lieben auf Leben und Tod bedeuten kann.

Unsere Verbindung mit Gott, den Propheten und Heiligen, unseren Engeln und unseren geliebten Verstorbenen kann uns letztlich dabei helfen, uns selbst und andere tiefer zu lieben. Wenn wir unser Herz dem Himmel öffnen, öffnen wir unser Herz buchstäblich dem Leben selbst. Auf diese Weise können wir alle zu Erdengeln werden.